기 본 서

New Trend
단기합격 길라잡이

"2025년 출제 기조 전환 문법 전영역
출제 알고리즘 완벽 분석 및 반영"

진가영 편저

동영상 강의 www.pmg.co.kr

진가영 영어 단기합격 문법 All In One

PREFACE

머리말

수험생들에게 최고의 문법 학습서가 될

단기합격 문법 All In One 교재를 펴내며...

안녕하세요. 여러분들의 단기합격 길라잡이 진가영입니다.

2025년 출제기조 전환으로 공무원 영어 시험이 평이해졌다고 하지만 영어 문법 영역은 아마 많은 분께 큰 고민거리이자 부담일 것입니다. 특히, 방대하게 느껴지는 영어 문법의 범위와 새로운 예문에 문법을 적용해야 하는 능력이 필요하다는 점이 영어 문법을 정복하기 어려운 영역으로 만듭니다.

출제기조 전환에 따라 '토익, 텝스, 수능' 영역에서 다뤄지는 주요 문법들을 현명하게 전략을 세워 빠르고 정확하게 학습하는 것이 중요한데 바로 **단기합격 문법 All In One**이 여러분들의 올바른 문법학습을 가이드해줄 것입니다.

여러분들의 고득점에 중요한 역할을 하는 문법 영역을 정복하게 돕는 이 새로운 교재의 장점은 다음과 같습니다.

- 신경향 학습 전략을 제시함으로써 변화되는 시험에서 학습 방향을 명확하게 제시하였다.
- 출제 포인트 마인드 맵을 통해 핵심 개념을 체계적이고 시각적으로 정리하여 학습의 효율성을 높였다.
- 2025년 출제 예상 문제를 제시함으로서 실전 문제와 친숙해지도록 하였다.
- 자가진단 테스트와 해설을 제공함으로써 자신의 실력을 포함하고 부족한 점을 확실하게 보완할 수 있도록 하였다.
- 문법의 중요한 요소들을 출제포인트로 정리하여 정확하게 제시함으로써 시험에 나오는 이론들을 확실하게 익힐 수 있도록 하였다.
- 연습문제를 2가지 버전으로 제시함으로써 실전 시험에 최대한 가까운 형태로 연습할 수 있도록 하였다.

여러분들은 이 양질의 교재와 저와 함께하는 단기합격 올인원 문법 수업을 통해 문법의 어려움에서 벗어나 시험장에서 빠르고 정확하게 문제를 풀 수 있을 것입니다.

단기 합격생들이 입증하는 압도적인 강의력과 높은 적중률로 영어 만점 및 합격의 기쁨을 여러분들과 함께 만들어 가겠습니다.

여러분들의 노력이 반드시 합격으로 이어지도록 현명한 길라잡이로서 더 좋은 모습으로 수업을 통해 뵙도록 하겠습니다.

Dreams come true!

꿈은 반드시 이루어진다!

진심을 다해 가르치는 영어 - 진가영

커리큘럼

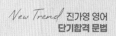

2025 출제 기조 전환 대비 단기합격 커리큘럼 영상

2025년
신경향(New Trend)
정규 커리큘럼

합격을 위한 필수 과정

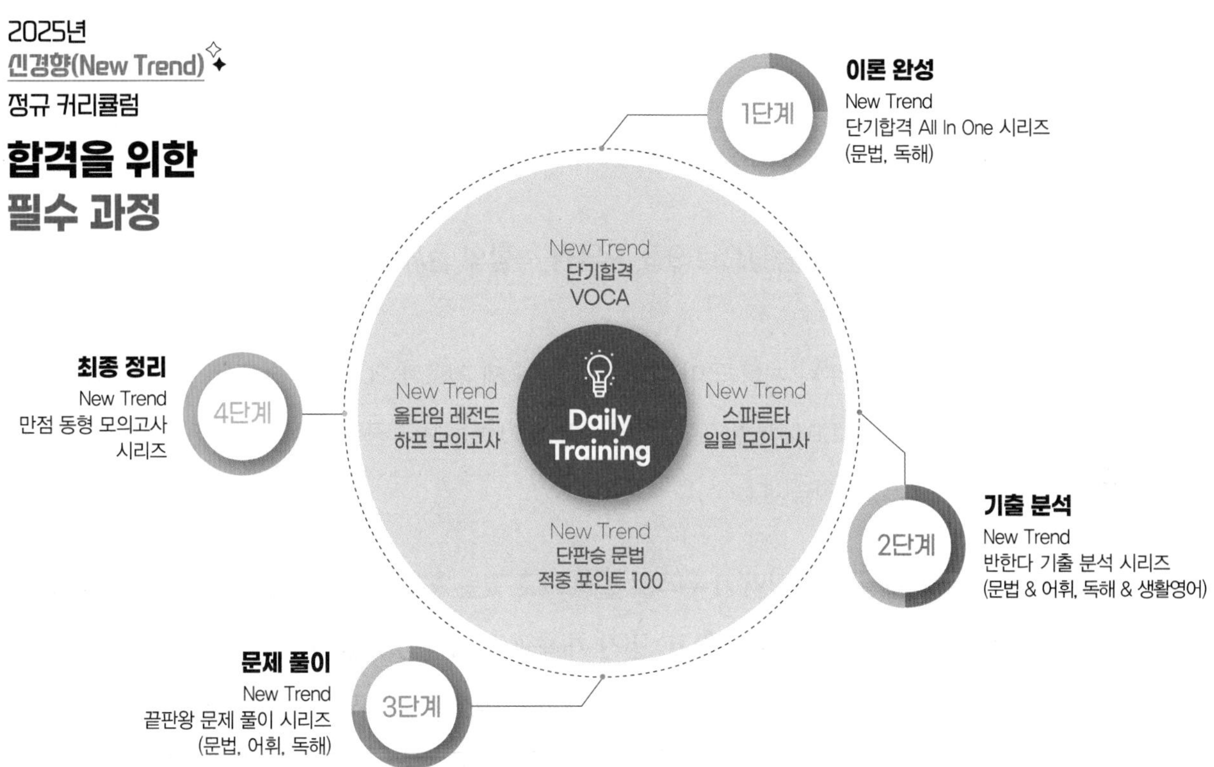

2025년
신경향(New Trend)
보완 커리큘럼

합격을 위한 선택 과정

GUIDE

2025 출제 기조 전환

① 2025년도 출제 기조 전환 "핵심 내용"

"지식암기 위주에서 현장 직무 중심으로 9급 공무원 시험의 출제 기조가 바뀐다"

인사혁신처가 출제하는 9급 공무원 시험 국어·영어 과목의 출제 기조가 2025년부터 전면 전환됩니다. 인사혁신처 처장은 '2023년 업무보고'에서 발표했던 인사처가 출제하는 9급 공무원 시험의 '출제 기조 전환'을 2025년부터 본격 추진한다고 밝혔습니다.

'출제 기조 전환'의 핵심내용은 지식암기 위주로 출제되고 있는 현행 9급 공무원 시험 국어·영어 과목의 출제 기조를 직무능력 중심으로 바꾸고, 민간 채용과의 호환성을 강화하는 것입니다. 현장 직무 중심의 평가를 위해 영어 과목에서는 실제 업무수행에 필요한 실용적인 영어능력을 검증하고자 합니다. 특히 영어 과목에서는 실제 활용도가 높은 어휘를 주로 물어보고 어법의 암기를 덜 요구하는 방식이고, 전자메일과 안내문 등 업무 현장에서 접할 수 있는 소재와 형식을 적극 활용한 문제들로 구성될 것으로 보입니다.

이를 바탕으로 인사혁신처는 종합적 사고력과 실용적 능력을 평가하게 되는 출제 기조 전환으로 공직에 더 적합한 인재를 선발할 수 있고, 공무원과 민간부문 채용시험 간 호환성 제고로 청년들의 시험 준비 부담이 감소되고 우수한 인재가 공직에 보다 더 지원할 것으로 기대하고 있습니다.

② 2025년 "현명한" 신경향 공무원 영어 학습 전략

신경향 어휘 학습

출제 기조 전환 전에는 유의어 유형을 많이 물어보고 단순 암기로 인하여 문제 푸는 시간 또한 절약할 수 있었습니다. 하지만 2025년 출제 기조 전환 예시문제를 보면 어휘는 빈칸 유형으로만 구성된 것으로 보아 **제시문의 맥락을 고려하고 정확한 단서를 찾은 후에 빈칸 안에 어떤 어휘가 적절한 것인지 찾는 훈련과 연습**이 반드시 필요합니다.

신경향 문법 학습

출제 기조 전환 전에는 문법 문제들이 박스형, 문장형, 영작형으로만 구성되었지만 출제 기조 전환 발표 중 일부인 민간 채용과의 호환성을 강화하는 취지로 **TOEIC, TEPS 시험에서 잘 나오는 빈칸 유형이 문법 문제로 새로 추가되었습니다.** 이런 유형들은 기존의 유형들과 확실하게 다른 접근법으로 문제를 풀어야 하므로 **문법 파트별로 체계적인 이론 정리와 더불어 다양한 문제들을 많이 풀어보고 문제 풀이 전략을 정확하고 확실하게 배워야 합니다.**

신경향 독해 학습

출제 기조 전환 전에는 1지문 1문제로 구성되고 각 선지들이 지문에 맞는지, 안 맞는지만 판단하기만 하면 되었지만 **2025년 출제 기조 전환 예시문제를 보면 독해 유형에 세트형이 2문제**로 구성되어 있습니다. 세트형이라고 난도가 더 올라갔다고 보기는 어렵지만 **다소 생소한 형식의 문제 유형이 출제되면 수험생들이 당황하기가 쉬우므로 신유형 독해 문제인 전자메일과 안내문, 홈페이지 게시글 등의 형식들에 대한 체계적인 학습을 통해 빠르고 정확하게 푸는 전략을 체화시켜야 합니다.** 이와 같은 형식으로 단일 지문으로 구성되기도 하니 특히 많은 훈련이 필요한 영역입니다.

REVIEW

후기

가영쌤과 점수 수직 상승을 만들어 낸 "생생한" 수강후기

★★★★★ 충남 교행 수석 영어 100점

김**

가영쌤의 커리는 기본적으로 **반복을 거듭해서 확실하게 기억하고 또 여러 방향으로 적용하면서 어떤 식으로 문제로 변형되어 나와도 확실하게 캐치할 수 있게 만드는 방향으로 진행됩니다. 특히 여러 번 강조해서 배우는, 자주 출제되는 중요한 내용들은 계속 따로 자료를 만들고, 또 특강으로도 계속 또 반복해서 빠짐없이 떠 먹여 주기까지 합니다.** 따라가려고 노력만 하면 보상을 받을 수 있는 그런 시간을 보낼 수 있는 강의라고 생각합니다. 가영쌤은 또, 더 재밌는 강의를 위해 매번 좀 웃긴 거를 많이 준비해 오시는 것 같은 모습이 보이는데 많은 정성과 노력을 기울이고 계시다는 걸 느낄 수 있는 시간들이었습니다.

★★★★★ 우정직 수석 합격 영어 85점

박*태

영어 선생님을 고를 때 가영쌤을 추천하는 이유는 먼저 탄탄한 커리큘럼과 숙제 관리, 그리고 문법 교재가 너무너무 좋습니다! 콤팩트한 책에 있을 내용 다 있고, 문판왕이나 동형모의고사 등 문풀 수업과의 연계도 잘 되어있습니다. 그리고 매주 실강 수업 때 나오는 ox 숙제를 계속 반복해야 문법 출제 포인트가 무엇인지 익숙해집니다. 또한, 가영쌤의 어휘책 구성도 좋았고, 매 수업 전에 테스트를 하기 때문에 미리 공부해가야 하는 게 실력 향상에 도움이 되었습니다. **덕분에 이번 문제 풀이 소요시간, 24문, 동형 때는 달성해보지 못했던 최고기록입니다. 가영쌤** I cannot thank you enough!!

★★★★★ 2024 일반행정직 영어 100점

**선

영어 100점은 진짜 운이라고 생각했는데 선생님 만나고 나서 이게 진짜 실력으로 된다는 걸 알았어요. 단어 미친 반복으로 겨우 다 외우고 문법도 단판승 3시간 너무 좋았고 독해는 그 200제가 정말 좋았어요. 제가 국가직 영어 35분 걸려서 정말 선생님도 찾아뵈고 걱정 많이 했는데 **이번 지방직은 20분 컷해서 정말 좋았어요. 언제나 감사합니다!!**

★★★★★ 2024 일반행정직 영어 95점

**경

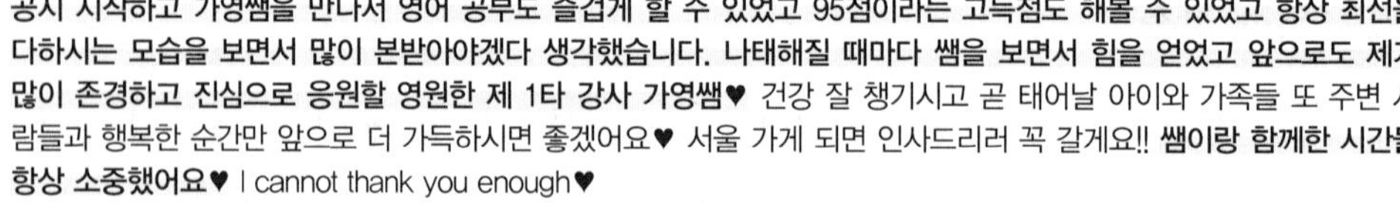

공시 시작하고 가영쌤을 만나서 영어 공부도 즐겁게 할 수 있었고 95점이라는 고득점도 해볼 수 있었고 항상 최선을 다하시는 모습을 보면서 많이 본받아야겠다 생각했습니다. 나태해질 때마다 쌤을 보면서 힘을 얻었고 앞으로도 제가 많이 존경하고 진심으로 응원할 영원한 제 1타 강사 가영쌤♥ 건강 잘 챙기시고 곧 태어날 아이와 가족들 또 주변 사람들과 행복한 순간만 앞으로 더 가득하시면 좋겠어요♥ 서울 가게 되면 인사드리러 꼭 갈게요!! **쌤이랑 함께한 시간들 항상 소중했어요♥** I cannot thank you enough♥

★★★★★ 2024년 사회복지직 영어 95점

**화

I cannot thank you enough♥시험을 준비하면서 나름의 소소한 목표 중 하나가 영어 시험을 잘 봐서 가영쌤한테 제가 먼저 올해 영어 잘 봤다고 연락드리는 거였는데, 드디어 그 목표를 이룰 수 있게 되어서 너무 기뻐요! 처음 박문각 와서 하프 들었을 때 3,4개 맞기도 하고 그랬던 적이 있었는데~ **쌤과 열심히 함께 달렸더니 95점이라는 이런 좋은 점수를 받았습니다. 영어는 제 발목을 잡는 과목 중 하나여서 처음부터 끝까지 긴장을 놓지 않고 제일 큰 비중을 두고 공부한 과목이었습니다. 이번 지방직에서 단어, 문법, 생활영어까지 쌤과 함께 공부했던 범위 내에서 계속 반복하며 공부했던 부분들이라 신속하고 정확하게 풀 수 있어시간 절약을 했던 것 같아요!** 다 가영쌤과 함께한 덕분이에요!

GUIDE

구성 및 특징

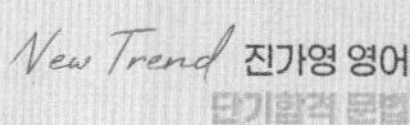

① 신경향 학습 전략을 제시함으로써 변화되는 시험에서 학습 방향을 명확하게 제시하였다.

신경향 학습 전략

- 2025년 출제 기조 전환에 따라 공무원 영어 시험에 토익과 텝스 그리고 수능 시험이 반영될 예정이므로 이러한 시험들에서 지속적으로 출제되고 있는 **문장 구성 요소와 문장의 형식**에 관한 출제포인트를 학습한다.
- 공무원 시험에서 기존에 중요하게 다뤄지고 있었던 내용인 **간접의문문**과 **부가의문문** 등 시험에 출제 가능성이 있는 문장 구조들에 대해 학습한다.
- **긴 문장에서 문법 구조를 분석**할 수 있도록 영어 문장이 길어지는 이유가 되는 **구와 절**에 대해 학습한다.

② 출제 포인트 마인드 맵을 통해 핵심 개념을 체계적이고 시각적으로 정리하여 학습의 효율성을 높였다.

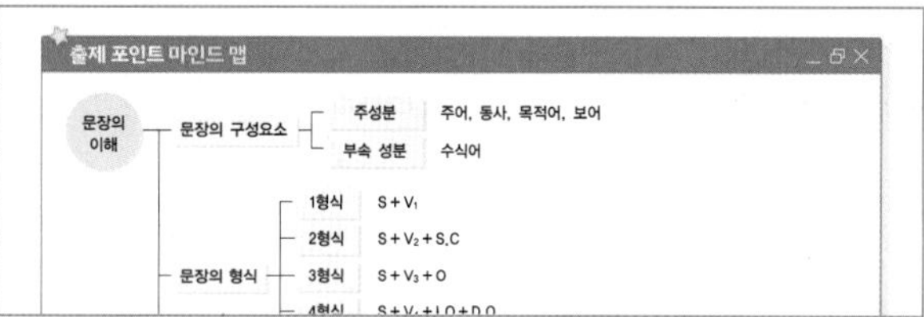

③ 2025년 출제 예상 문제를 제시함으로써 실전 문제와 친숙해지도록 하였다.

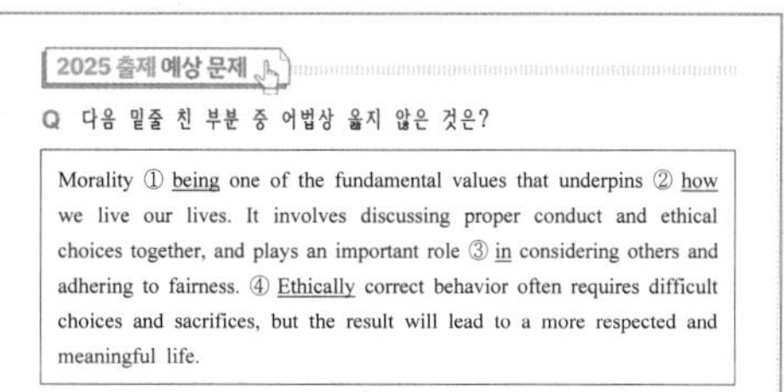

2025 출제 예상 문제

Q 다음 밑줄 친 부분 중 어법상 옳지 않은 것은?

Morality ① being one of the fundamental values that underpins ② how we live our lives. It involves discussing proper conduct and ethical choices together, and plays an important role ③ in considering others and adhering to fairness. ④ Ethically correct behavior often requires difficult choices and sacrifices, but the result will lead to a more respected and meaningful life.

④ 자가진단 테스트와 해설을 제공함으로써 자신의 실력을 포함하고 부족한 점을 확실하게 보완할 수 있도록 하였다.

자가진단

01 문장의 구성요소에는 주어, ❶ ________, ❷ ________, 보어, 수식어가 있다.

02 문장의 형식은 문장이 구성된 방식에 따라 ❸ ________ 부터 ❹ ________ 까지 나눌 수 있다.

03 두 단어 이상이 모였으나 주어와 서술어의 구성이 아닌 언어 형식을 ❺ ________ (phrase)라고 한다.

04 주어와 서술어를 가진 비독립적 문장을 ❻ ________ (clause)라고 한다.

05 의문사가 이끄는 절을 의문사절 또는 간접의문문이라고 하며 이것은 문장에서 ❼ ________ 의 역할으로 쓰이며 주어, 목적어, 보어

⑤ 문법의 중요한 요소들을 출제포인트로 정리하여 정확하게 제시함으로써 시험에 나오는 이론들을 확실하게 익힐 수 있도록 하였다.

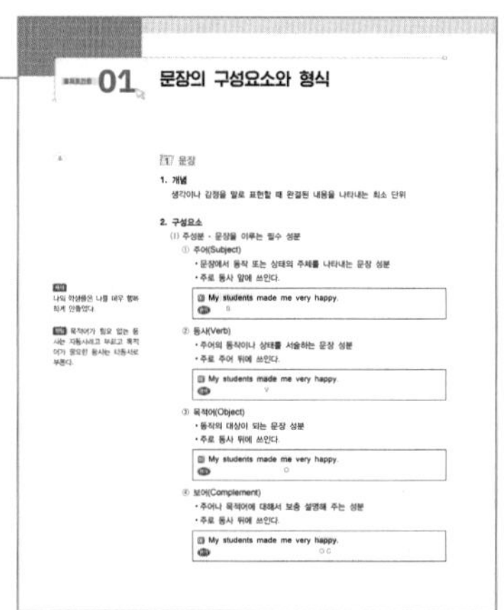

출제포인트 01 문장의 구성요소와 형식

⑥ 연습문제를 2가지 버전으로 제시함으로써 실전 시험에 최대한 가까운 형태로 연습할 수 있도록 하였다.

LEVEL-UP 연습문제 02 밑줄 친 부분에 들어갈 말로 가장 적절한 것은?

01 The thoughtful gift made ________.
① her exceptionally pleased ② exceptional pleased
③ to her exceptionally pleased ④ her exception pleased

02 It is crucial to understand ________ for the recent data breach.
① whom is responsible ② who responsible is
③ who is responsible ④ whose responsible is

03 Completing assignments on time ________ you to manage your workload more effectively.
① allowing ② allows
③ to allow ④ allowance

04 The neighbors shared recipes and gardening tips ________ to improve their skills.
① the other ② each other
③ one another ④ with one another

05 They won't be able to attend the conference, ________?
① would they ② will they
③ won't they ④ they will

CONTENTS

차례

PART 03 준동사

PART 04 조동사와 조동사를 활용한 구문

PART 05 연결어와 비교 구문

New Trend
단기합격 길라잡이

진가영 영어
단기합격 문법
All In One

진가영 영어연구소 | cafe.naver.com/easyenglish7

PART

01

문장과 단어

CHAPTER
01 문장의 이해

신경향 학습 전략

- 2025년 출제 기조 전환에 따라 공무원 영어 시험에 토익과 텝스 그리고 수능 시험이 반영될 예정이므로 이러한 시험들에서 지속적으로 출제되고 있는 **문장 구성 요소와 문장의 형식**에 관한 출제포인트를 학습한다.
- 공무원 시험에서 기존에 중요하게 다뤄지고 있었던 내용인 **간접의문문**과 **부가의문문** 등 시험에 출제 가능성이 있는 문장 구조들에 대해 학습한다.
- **긴 문장에서 문법 구조를 분석**할 수 있도록 영어 문장이 길어지는 이유가 되는 **구와 절**에 대해 학습한다.

출제 포인트 마인드 맵

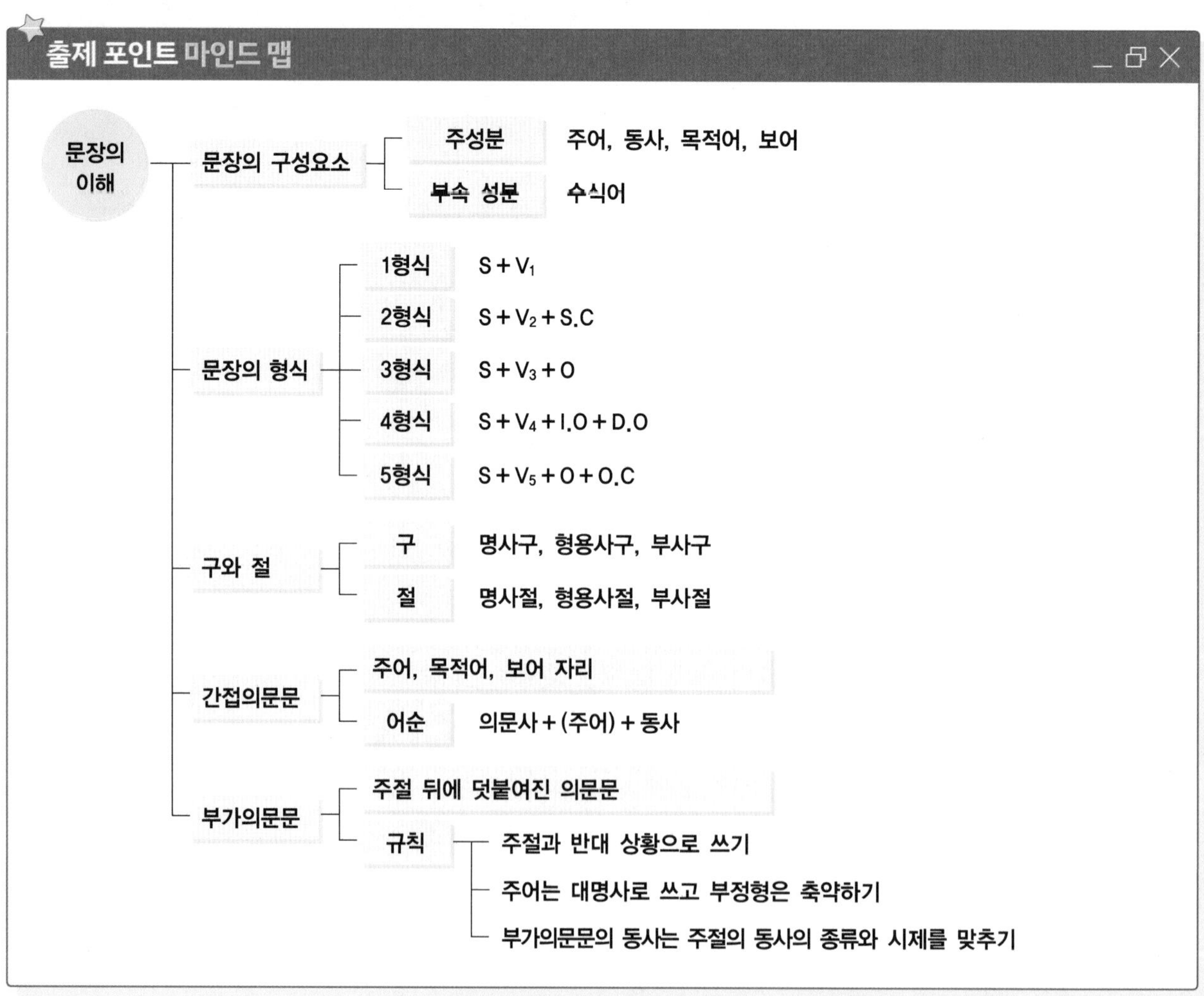

2025 출제 예상 문제

Q 다음 밑줄 친 부분 중 어법상 옳지 않은 것은?

> Morality ① being one of the fundamental values that underpins ② how we live our lives. It involves discussing proper conduct and ethical choices together, and plays an important role ③ in considering others and adhering to fairness. ④ Ethically correct behavior often requires difficult choices and sacrifices, but the result will lead to a more respected and meaningful life.

해석
도덕은 우리가 삶을 어떻게 살아가는지를 뒷받침하는 근본적인 가치 중 하나이다. 그것은 올바른 행동과 윤리적 선택을 함께 논의하는 것을 포함하며, 다른 사람들을 배려하고 공정함을 지키는 데 중요한 역할을 한다. 윤리적으로 올바른 행동은 종종 어려운 선택과 희생을 요구하지만, 그 결과는 더 존경받고 의미 있는 삶으로 이어질 것이다.

자가진단

01 문장의 구성요소에는 주어, ❶ ________, ❷ ________, 보어, 수식어가 있다.

02 문장의 형식은 문장이 구성된 방식에 따라 ❸ ________부터 ❹ ________까지 나눌 수 있다.

03 두 단어 이상이 모였으나 주어와 서술어의 구성이 아닌 언어 형식을 ❺ ________ (phrase)라고 한다.

04 주어와 서술어를 가진 비독립적 문장을 ❻ ________(clause)라고 한다.

05 의문사가 이끄는 절을 의문사절 또는 간접의문문이라고 하며 이것은 문장에서 ❼ ________________의 어순으로 쓰이며 주어, 목적어, 보어 역할을 하는 명사절 중 하나이다.

06 부가의문문은 「주절(긍정 또는 부정) + ❽ ________________의 의문문」 구조로 만든다.

2025 출제 예상 문제 정답 및 해설

정답 ①

해설 문장의 주어 다음에는 동사가 필요하므로 being을 is로 고쳐야 한다.

자가진단 정답

❶ 동사 ❷ 목적어 ❸ 1형식 ❹ 5형식 ❺ 구
❻ 절 ❼ 의문사 + (주어) + 동사 ❽ 반대 상황

출제포인트 01

문장의 구성요소와 형식

1 문장

1. 개념

생각이나 감정을 말로 표현할 때 완결된 내용을 나타내는 최소 단위

2. 구성요소

(1) 주성분 - 문장을 이루는 필수 성분

① 주어(Subject)

- 문장에서 동작 또는 상태의 주체를 나타내는 문장 성분
- 주로 동사 앞에 쓰인다.

해석 나의 학생들은 나를 매우 행복하게 만들었다.

예 My students made me very happy.
 S

찐팁 목적어가 필요 없는 동사는 자동사라고 부르고 목적어가 필요한 동사는 타동사로 부른다.

② 동사(Verb)

- 주어의 동작이나 상태를 서술하는 문장 성분
- 주로 주어 뒤에 쓰인다.

예 My students made me very happy.
 V

③ 목적어(Object)

- 동작의 대상이 되는 문장 성분
- 주로 동사 뒤에 쓰인다.

예 My students made me very happy.
 O

④ 보어(Complement)

- 주어나 목적어에 대해서 보충 설명해 주는 성분
- 주로 동사 뒤에 쓰인다.

예 My students made me very happy.
 O.C

(2) 부속 성분 – 주성분을 수식하는 성분

① 수식어(Modifier)

• 문장의 주성분인 주어, 동사, 목적어, 보어 또는 문장 전체를 꾸며주는 성분

> 예 My students made me very happy.
> 분석 M

2 형식

1. 1형식 : 주어 + 1형식 동사

> 예 She arrived.
>  S V_1

해석
그녀가 도착했다.

2. 2형식 : 주어 + 2형식 동사 + 주격 보어

> 예 My daughter became angry.
>  S V_2 S.C

해석
나의 딸은 화가 났다.

3. 3형식 : 주어 + 3형식 동사 + 목적어

> 예 She attempted a new method.
>  S V_3 O

해석
그녀는 새로운 방법을 시도했다.

4. 4형식 : 주어 + 4형식 동사 + 간접목적어 + 직접목적어

> 예 They told the man your name.
>  S V_4 I.O D.O

해석
그들은 그 남자에게 당신의 이름을 말했다.

5. 5형식 : 주어 + 5형식 동사 + 목적어 + 목적격 보어

> 예 The police authorities had the woman arrested.
> 분석 S V_5 O O.C

해석
경찰 당국은 그 여성을 체포했다.

출제포인트 **02**

구와 절, 문장이 길어지는 이유

1 구(phrase)

1. 개념

두 단어 이상이 모였으나 주어와 서술어의 구성이 아닌 언어 형식

2. 종류

(1) 명사구

① 역할 : 주어, 목적어, 보어

② 종류 : 동명사구, to부정사구, 의문사구[의문사 + to부정사]

> 예 Dancing together is really fun.
> 분석 Dancing together: 동명사구 S / is: 동사 V_2
>
> 해석 함께 춤추는 것은 정말 즐겁다.
>
> 예 My dream is to be a civil servant.
> 분석 is: 동사 V_2 / to be a civil servant: to부정사구 S.C
>
> 해석 나의 꿈은 공무원이 되는 것이다.
>
> 예 I can teach you how to study.
> 분석 teach: 동사 V_4 / you: 대명사 I.O / how to study: 의문사구 D.O
>
> 해석 나는 당신에게 어떻게 공부해야 할지 가르쳐 줄 수 있다.

(2) 형용사구

① 역할 : 수식어[명사 수식], 보어

② 종류 : 전명구, to부정사구, 분사구[현재분사구, 과거분사구]

> 예 The man in the store looks gentle.
> 분석 man: 명사 S / in the store: 전명구 M
>
> 해석 상점에 있는 그 남자는 점잖아 보인다.
>
> 예 This training program is of benefit to all employees.
> 분석 is: 동사 V_2 / of benefit: 전명구 S.C
>
> 해석 이 교육 프로그램은 모든 직원에게 유익하다.
>
> 예 The way to solve the problem is not certain.
> 분석 way: 명사 S / to solve the problem: to부정사구 M
>
> 해석 그 문제를 해결할 방법은 확실하지 않다.
>
> 예 We know the girl playing the piano.
> 분석 girl: 명사 O / playing the piano: 현재분사구 M
>
> 해석 우리는 피아노를 치고 있는 소녀를 안다.

예 She kept me waiting outside the restaurant.
분석 명사(O) 현재분사구(O.C)

해석 그녀는 나를 음식점 밖에서 기다리게 했다.

예 The window broken by the storm needs repairing.
분석 명사(S) 과거분사구(M)

해석 폭풍에 깨진 창문은 수리가 필요하다.

예 They found the flight delayed due to bad weather.
분석 동사(V_5) 명사(O) 과거분사구(O.C)

해석 그들은 악천후로 인해 비행기가 지연된 것을 알게 되었다.

(3) 부사구

① 역할 : 수식어[동사, 형용사, 부사 또는 문장 전체 수식]

② 종류 : 전명구, to부정사구, 분사구[현재분사구, 과거분사구]

예 The cat is sleeping in her room.
분석 동사(V_1) 전명구(M)

해석 고양이가 그녀의 방에서 자고 있다.

예 My students studied hard to pass the test.
분석 동사(V_1) to부정사(M)

해석 나의 학생들은 시험을 통과하기 위해 열심히 공부했다.

예 Returning to their apartment, they found the watch missing.
분석 현재분사구(M) 대명사(S) 동사(V_5) 명사(O) 형용사(O.C)

해석 아파트로 돌아와 보니 그들은 그 시계가 사라진 것을 알게 되었다.

예 Written in a haste, his apology lacked sincerity.
분석 과거분사구(M) 명사(S) 동사(V_3) 명사(O)

해석 그의 사과는 급하게 쓰여서 진정성이 부족했다.

2 절(clause)

1. 개념

(1) 주어와 서술어를 가진 비독립적 문장

(2) 일반적으로 '(주어) + 동사'를 갖춘 두 개 이상의 단어 집합

2. 종류

(1) 명사절

① 역할 : 주어, 목적어, 보어

② 종류 : that절, whether/if절, what절, 의문사절, 복합관계대명사절

해석 문제는 내가 시간이 없다는 것이다.

해석 나는 머물러야 할지 떠나야 할지 모르겠다.

해석 당신이 필요한 것은 식사이다.

예 The problem is **that I don't have time.**
분석 is: 동사 / V_2 · that I don't have time: 명사절 / S.C

예 I don't know **whether I should stay or leave.**
분석 know: 동사 / V_3 · whether I should stay or leave: 명사절 / O

예 **What you need** is a meal.
분석 What you need: 명사절 / S · is: 동사 / V_2

(2) 형용사절

① 역할 : 수식어[명사 수식]

② 종류 : 관계사절[관계대명사절, 관계부사절]

해석 그가 창문을 깬 소녀이다.

해석 그녀가 살았던 집은 철거되었다.

예 He is the boy **who broke the window.**
분석 the boy: 명사 / S.C · who broke the window: 형용사절 / M

예 The house **where she lived** has been demolished.
분석 The house: 명사 / S · where she lived: 형용사절 / M

(3) 부사절

① 역할 : 수식어[문장 전체 수식]

② 종류 : 시간 부사절, 조건 부사절, 이유 부사절, 양보 부사절, 양태 부사절, 목적 부사절, 결과 부사절

해석 내가 그를 볼 때, 그는 웃는다.

해석 열심히 공부하면 시험에 통과할 것이다.

해석 그녀는 아파서 파티에 가지 않았다.

해석 그는 그 차를 비싼 가격이지만 샀다.

예 **When I look at him,** he smiles.
분석 When I look at him: 시간 부사절 / M · he: 대명사 / S · smiles: 동사 / V_1

예 **If you study hard,** you'll pass the exam.
분석 If you study hard: 조건 부사절 / M · you: 대명사 / S · pass: 동사 / V_3 · the exam: 명사 / O

예 She didn't go to the party **because she was feeling sick.**
분석 She: 대명사 / S · go: 동사 / V_1 · to the party: 전명구 / M · because she was feeling sick: 이유 부사절 / M

예 He bought the car **though it was pricey.**
분석 He: 대명사 / S · bought: 동사 / V_3 · the car: 명사 / O · though it was pricey: 양보 부사절 / M

출제포인트 **03**

어순이 중요한 간접의문문

1 개념

의문사가 이끄는 명사절을 의문사절 또는 간접의문문이라고 하며 문장에서 「의문사 + (주어) + 동사」의 어순으로 주어, 목적어, 보어 역할을 한다.

2 종류

1. 의문대명사

(1) 종류 : who, whom, which, what

(2) 특징 : 불완전 구조와 함께 쓰인다.

2. 의문형용사

(1) 종류 : whose, which, what

(2) 특징 : 명사를 수식하며 완전 구조와 함께 쓰인다.

3. 의문부사

(1) 종류 : when, where, why, how

(2) 특징 : 완전 구조와 함께 쓰인다.

예 Who will come first remains to be seen.
분석 간접의문문[의문사절] — S

해석 누가 처음 올지는 두고 볼 일이다.

예 I asked whom she invited.
분석 간접의문문[의문사절] — O

해석 나는 그녀가 누구를 초대했는지 물었다.

예 I don't mind which hotel we stay at.
분석 간접의문문[의문사절] — O

해석 나는 우리가 어느 호텔에 묵든 상관없다.

예 I don't know what he said.
분석 간접의문문[의문사절] — O

해석 나는 그가 뭐라고 했는지 모른다.

예 Nobody knew where she arrived.
분석 간접의문문[의문사절] — O

해석 아무도 그녀가 어디에 도착했는지 알지 못했다.

예 Ask her when she will come back.
분석 간접의문문[의문사절] — D.O

해석 그녀에게 언제 돌아올 것인지 물어봐라.

출제포인트 04

주절의 주어와 동사가 중요한 부가의문문

1 개념

자신이 말한 내용에 대해 상대방의 동의를 구하며 "그렇지?", "그렇지 않니?"하고 되묻는 문장으로 주절 뒤에 덧붙여진 의문문을 부가의문문이라고 한다.

2 규칙

1. 부가의문문은 「주절(긍정 또는 부정) + 반대 상황의 의문문」 구조로 만든다. 따라서 주절이 긍정이면 부정, 주절이 부정이면 긍정의 부가의문문을 사용한다.

2. 부가의문문의 주어는 대명사로 쓰고 부가의문문이 부정형이면 축약해서 쓴다.

3. 부가의문문의 동사는 주절의 동사에 종류와 시제를 맞춰야 한다.

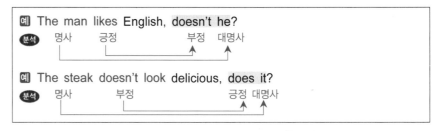

> 예 The man likes English, doesn't he?
> 분석 명사 / 긍정 / 부정 / 대명사
>
> 예 The steak doesn't look delicious, does it?
> 분석 명사 / 부정 / 긍정 / 대명사

해석
그 남자는 영어를 좋아해, 그렇지 않니?

해석
그 스테이크가 맛있어 보이지 않아, 그렇지?

4. 주절과 종속절로 이루어져 있는 복문의 경우에는 주절로 부가의문문을 만든다.

> 예 Employers suppose the new policy will improve productivity, don't they?

해석
고용주들은 새로운 정책이 생산성을 향상시킬 것이라고 생각하죠, 그렇지 않나요?

5. 부가의문문의 주절이 「I think/believe/suppose/guess」 등으로 시작할 때는 종속절 주어와 동사로 부가의문문을 만든다.

> 예 I believe she has already submitted the report, hasn't she?

해석
나는 그녀가 이미 보고서를 제출했다고 믿는데, 그렇지 않나요?

6. 두 개 이상의 등위절로 이루어져 있는 중문의 경우에는 부가의문문과 가까이 있는 등위절로 부가의문문을 만든다.

> 예 This book has been best seller but it hasn't come in any paperback yet, has it?

해석
책은 몇 주째 베스트셀러였지만, 아직 어떤 페이퍼백으로 나오지 않았지? 그렇지?

해설 및 해석 네이버 카페 '진가영 영어연구소' 에서 확인

LEVEL-UP 연습문제 01 밑줄 친 부분이 어법상 옳으면 O, 옳지 않으면 X하고 올바르게 고치시오.

01 His unexpected gift made to me incredibly surprised. O X

02 Their support made him feel confident. O X

03 Learning English can broaden our perspective. O X

04 The boss offering the man a job last year. O X

05 To work efficient, we must organize a team. O X

06 The strategy to increase sales is not developed. O X

07 The bridge where they met has been repaired. O X

08 What will happen next remains to be seen. O X

09 Nobody understood why did he leave early. O X

10 They prefer staying home on weekends, don't they? O X

LEVEL-UP 연습문제01 정답

01 X me
02 O
03 O
04 X offered
05 X efficiently
06 O
07 O
08 O
09 X why he left early
10 O

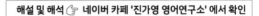

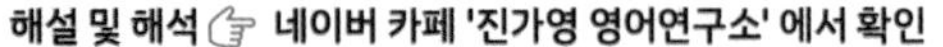
해설 및 해석 네이버 카페 '진가영 영어연구소' 에서 확인

LEVEL-UP 연습문제 02 밑줄 친 부분에 들어갈 말로 가장 적절한 것은?

01 The thoughtful gift made ______________________.

① her exceptionally pleased
② exceptional pleased
③ to her exceptionally pleased
④ her exception pleased

02 It is crucial to understand __________________ for the recent data breach.

① whom is responsible
② who responsible is
③ who is responsible
④ whose responsible is

03 Completing assignments on time _______ you to manage your workload more effectively.

① allowing
② allows
③ to allow
④ allowance

04 The neighbors shared recipes and gardening tips ___________ to improve their skills.

① the other
② each other
③ one another
④ with one another

05 They won't be able to attend the conference, __________?

① would they
② will they
③ won't they
④ they will

LEVEL-UP 연습문제02 정답

01 ① 02 ③ 03 ② 04 ④ 05 ②

CHAPTER

02 단어의 이해

PART 01

신경향 학습 전략

- 2025년 출제 기조 전환에 따라 공무원 영어 시험에 토익과 텝스 그리고 수능 시험이 반영될 예정이므로 이러한 시험들에서 지속적으로 출제되고 있는 **중요 8품사**에 관한 시험 출제포인트를 학습한다.
- 공무원 시험에서 기존에 중요하게 다뤄지고 있었던 내용인 **명사와 대명사**의 종류와 특징 그리고 **형용사와 부사**의 종류와 특징 등 **시험에 출제 가능성이 있는 중요 품사**들에 대해 학습한다.

출제 포인트 마인드 맵

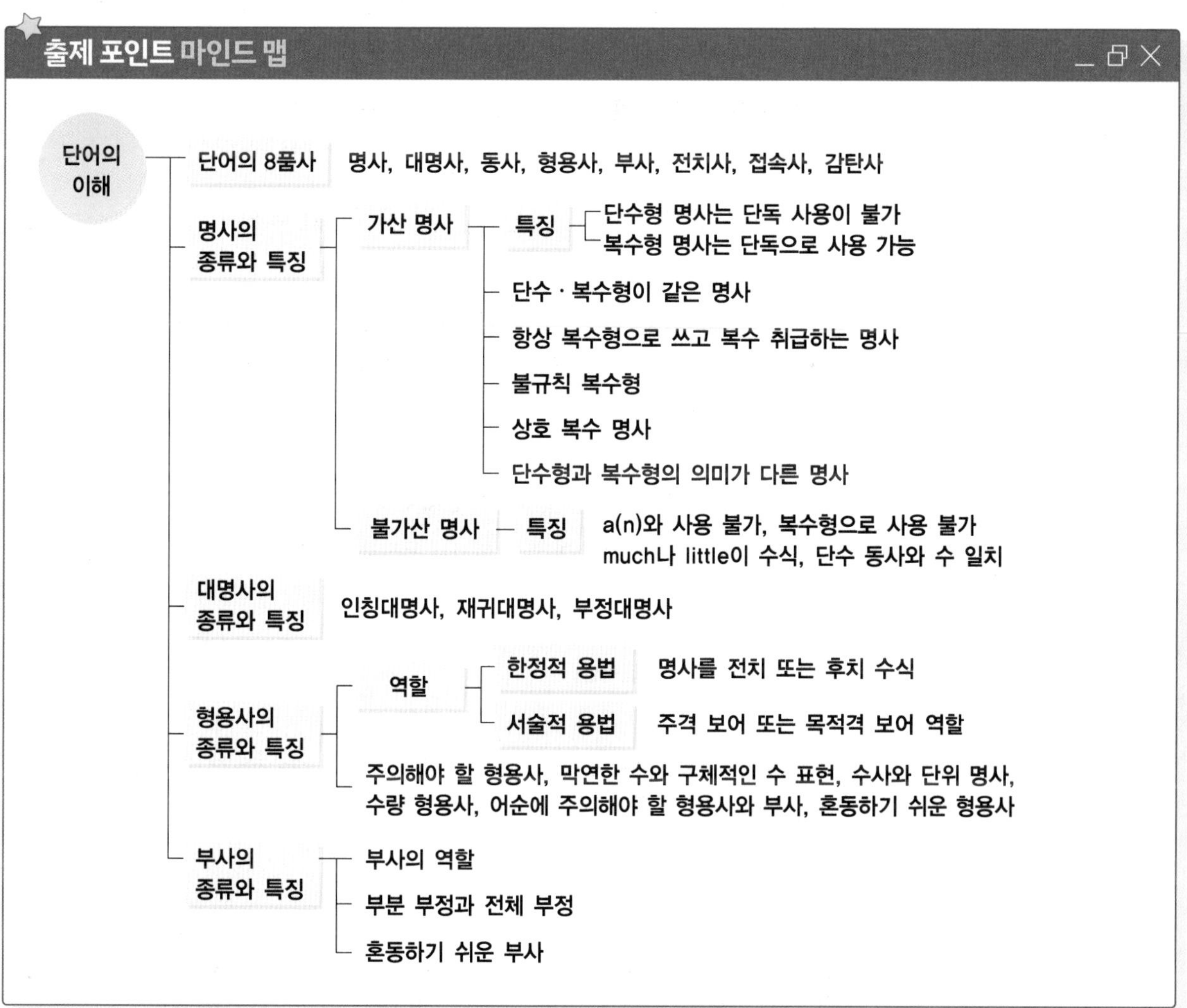

2025 출제 예상 문제

Q 밑줄 친 부분에 들어갈 말로 가장 적절한 것은?

> This book offers helpful _________ for anyone seeking to improve their mental health through practical and easily applicable techniques.

① advised ② advise
③ an advice ④ advice

해석
이 책은 실용적이고 쉽게 적용할 수 있는 기술을 통해 정신 건강을 개선하려는 모든 사람에게 유용한 조언을 제공한다.

자가진단

01 단어를 ❶ ________와 ❷ ________적인 역할에 따라 8가지로 분류한 것을 ❸ ________라 한다.

02 명사와 대명사는 문장의 ❹ ________, ❺ ________, 보어 자리에 쓰인다.

03 동사는 문장의 ❻ ________자리에 쓰인다.

04 형용사는 문장의 ❼ ________와 수식어 자리에 쓰인다.

05 부사는 문장의 ❽ ________ 자리에 쓰인다.

06 전치사는 문장에 ❾ ________________를 추가할 수 있다.

07 접속사는 문장에 ❿ ________를 추가할 수 있다.

08 단수형 명사는 ⓫ _________ 사용이 불가능하므로 관사를 포함한 한정사와 함께 쓰인다. 복수형 명사는 ⓫ _________으로 사용할 수 있으며 한정사와 함께 쓰일 수 있고 many와 ⓬ _____의 수식을 받을 수 있다.

09 불가산 명사는 단수를 의미하는 ⓭ ________________와 복수를 의미하는 -s를 쓰지 않으며 ⓮ _________와 수 일치 한다.

10 인칭대명사는 명사의 성과 수에 따라서 올바르게 써야 하고 문장에서의 역할에 따라 ⓯ _____이 결정되므로 형태에 주의한다.

2025 출제 예상 문제 정답 및 해설

정답 ④

해설 타동사의 목적어 역할을 하고 형용사의 수식을 받을 수 있는 것은 명사인데 불가산 명사는 a(n)과 쓸 수 없으므로 빈칸에는 advice가 적절하다.

자가진단 정답

❶ 의미	❷ 문법	❸ 8품사	❹ 주어
❺ 목적어	❻ 동사	❼ 보어	❽ 수식어
❾ 명사나 대명사	❿ 동사	⓫ 단독	⓬ few
⓭ 부정관사 a(an)	⓮ 단수 동사	⓯ 격	

출제포인트 01

단어의 8품사

1 개념

단어를 의미와 문법적인 역할에 따라 8가지로 분류한 것

2 종류와 특징

1. 종류

(1) 명사(Noun)
- 사람, 사물, 장소나 눈에 보이지 않는 것 등의 이름을 가리키는 단어
- 문장의 주어, 목적어, 보어 자리에 쓰인다.

(2) 대명사(Pronoun)
- 사람이나 사물의 이름을 대신하는 단어
- 문장의 주어, 목적어, 보어 자리에 쓰인다.

(3) 동사(Verb)
- 동작이나 상태를 나타내는 단어
- 문장의 동사 자리에 쓰인다.

(4) 형용사(Adjective)
- 명사를 수식하거나 상태를 표현하는 단어
- 명사의 크기, 나이, 모양, 색, 수, 재료 등에 대한 정보를 알려주는 단어
- 문장의 보어 자리나 수식어 자리에 쓰인다.

(5) 부사(Adverb)
- 명사를 제외하고 형용사, 부사, 동사 또는 문장 전체를 수식하는 단어
- 문장의 수식어 자리에 쓰인다.

(6) 전치사(Preposition)
- 명사나 대명사의 앞에 와서 다른 말과 관계를 지어주는 단어
- 문장의 보어 자리나 수식어 자리에 쓰인다.

(7) 접속사(conjunction)
- 두 성분을 연결해주는 단어
- 동사를 추가할 때 쓰이는 단어

(8) 감탄사(Interjection)
- 말하는 이의 놀람, 느낌, 응답 등을 나타내는 단어

2. 특징: 하나의 단어는 여러 가지 품사로 쓰일 수 있고 문장에서 어떤 역할을 하는지에 따라서 단어의 품사가 결정된다.

예 I'm still looking for **work**.
분석 직장(명사)

예 Doctors often **work** very long hours.
분석 일한다(동사)

예 The box's **contents** were fragile.
분석 내용물(명사)

예 He was **content** with his work.
분석 만족한(형용사)

예 He invested a lot of **capital** in the new business.
분석 자본(명사)

예 Innovation is a **capital** factor in the company's success.
분석 중요한(형용사)

예 The sales **figures** were impressive.
분석 수치(명사)

예 They **figured** out the total cost
분석 계산했다(동사)

해석 나는 여전히 일을 찾고 있다.

해석 의사들은 종종 매우 긴 시간을 일한다.

해석 상자의 내용물은 깨지기 쉬웠다.

해석 그는 자기 일에 만족했다.

해석 그는 새로운 사업에 많은 자본을 투자했다.

해석 혁신은 회사의 성공에 있어 중요한 요소이다.

해석 판매 수치가 인상적이었다.

해석 그들은 총 비용을 계산했다.

출제포인트 **02**

명사의 종류와 특징

1 가산 명사

1. 종류

(1) 보통명사

① 같은 속성을 지닌 대상에 두루 쓰이는 이름

② 형태가 있는 사물의 이름을 나타내는 명사

> 예 student, teacher, book, desk, cat, dog 등

(2) 집합명사

① 같은 종류의 것이 모인 전체를 나타내는 명사

② 사람이나 사물의 집합체를 나타내는 명사

> 예 team, committee, audience, family, staff, group. class 등

③ 지칭하는 대상에 따라 단수, 복수 취급이 달라지는 명사

> 예 The committee is composed of experts in various fields.
> 예 The committee were divided on the question.

해석 위원회는 다양한 분야의 전문가들로 구성되어 있다.

해석 그 문제에 관해서 위원회의 의견은 갈라졌다.

④ 반드시 복수 취급하는 집합명사

> 예 the police 경찰 the clergy 성직자들 cattle 소

2. 특징

(1) 단수형 명사

① 단독 사용이 불가능하다.

② 관사(a, the)를 포함한 한정사와 함께 쓰인다.

> 예 A dog runs happily in the park.

해석 개가 공원에서 즐겁게 뛴다.

(2) 복수형 명사

① 단독으로 사용할 수 있으며 한정사와 함께 쓰일 수 있다.

② many와 few의 수식을 받을 수 있다.

> 예 Dogs love to play in the park.
> 예 Many dogs bark when they hear a noise.

해석 개들은 공원에서 노는 것을 좋아한다.

해석 많은 개들이 소음을 들으면 짖는다.

③ 단수 · 복수형이 같은 명사

예 sheep 양 deer 사슴 means 수단 species 종 percent 백분율

④ 항상 복수형으로 쓰고 복수 취급하는 명사

예 glasses 안경 stockings 스타킹 pants 바지 trousers 바지 shorts 반바지

⑤ 불규칙 복수형

단수	복수	단수	복수	단수	복수
tooth	teeth	ox	oxen	stimulus	stimuli
man	men	foot	feet	datum	data
child	children	phenomenon	phenomena	fungus	fungi

⑥ 상호 복수 명사

change cars[trains, buses]	차를[기차를, 버스를] 갈아타다
take turns ~ing	교대로 ~ 하다
shake hands with	~와 악수하다
make friends with	~와 친해지다
exchange seats[places] with	~와 자리를 바꾸다
change hands	주인이 바뀌다
have words with	~와 언쟁하다
be on good terms with	~와 좋은 관계로 지내다
be on bad terms with	~와 나쁜 관계로 지내다
come to terms with	~와 타협하다

(3) 단수형과 복수형의 의미가 다른 명사

custom	관습	customs	세관
content	만족	contents	내용
arm	팔	arms	무기
force	힘	forces	군대
manner	태도	manners	예절

(4) 복합 명사

application form	신청서	maintenance work	유지보수 작업
building permit	건축 허가	office supplies	사무용품
construction site	건축 부지	reference letter	추천서
expiration date	만기일	safety inspection	안전 점검

2 불가산 명사

1. 종류

(1) 고유명사

① 특정 대상을 다른 대상과 구별하여 붙인 이름

② 인명, 지명, 특정 상호 등이 포함된다.

③ 첫 글자는 항상 대문자로 쓴다.

> 예 Korea, Seoul, Samsung, William Shakespeare, October 등

(2) 물질명사

① 일정한 형태가 없는 물질을 나타내는 명사

② 조수사를 이용하여 수량을 표현할 수 있다.

> 예 money, water, sugar, milk, bread, paper 등
>
> 예 a glass of water 물 한잔
> two glasses of water 물 두잔
> a piece of paper 종이 한 장
> a loaf of bread 빵 한 덩어리

(3) 추상명사

① 형태가 없고 추상적인 의미를 나타내는 명사

② 조수사를 이용하여 수량을 표현할 수 있다.

> 예 use, benefit, importance, ease 등

③ 추상 명사를 포함한 표현

> • of 추상 명사 = 형용사
> 예 of importance = important 중요한
>
> • have the 추상 명사 to부정사 '~하게도 …하다'
> 예 He had the kindness to carry my baggage for me.
>
> • to one's 감정 명사 '~가 …하게도'
> 예 to her surprise 그녀가 놀랍게도

해석
그는 친절하게도 내 짐을 날라 주었다.

④ 추상명사 앞에 a(an)가 붙어 구체적인 행위나 행위자를 내서 보통명사처럼 사용될 수 있다.

> 예 She is a beauty.

해석
그녀는 미인이다.

⑷ 대표적인 불가산 명사

information	정보	equipment	장비
furniture	가구	evidence	증거
homework	숙제	news	뉴스
advice	충고	money	돈
machinery	기계류	clothing	의류
merchandise	물품, 상품	notice	통지
access	접근	consent	동의
employment	고용	research	연구
luggage	짐[수화물]	baggage	짐[수화물]
certification	증명	jewelry	보석
permission	허가, 허락	funding	자금, 재정 지원
accounting	회계	compliance	준수

2. 특징

⑴ 단수를 의미하는 부정관사 a(an)와 복수를 의미하는 -s를 쓰지 않는다.

⑵ 단독으로 사용할 수 있다.

> 예 Information can be misleading.
> 분석 불가산 명사

해석
정보는 오해의 소지가 있다.

⑶ much나 little의 수식을 받을 수 있다.

⑷ 단수 동사와 수 일치한다.

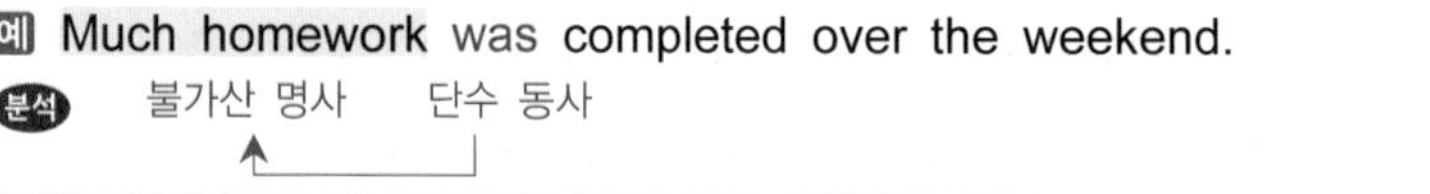
> 예 Much homework was completed over the weekend.
> 분석 불가산 명사 단수 동사

해석
주말 동안 많은 숙제가 완료되었다.

3 명사형 접미사

-sion, -tion	예 correc**tion** 수정, persua**sion** 설득
-ance, -ence	예 assist**ance** 도움, confid**ence** 자신감
-er,-or	예 employ**er** 고용주, conduct**or** 지휘자
-ee	예 employ**ee** 종업원
-ist	예 novel**ist** 소설가
-ment	예 develop**ment** 발달
-ness	예 happi**ness** 행복
-ism	예 critic**ism** 비판

출제포인트 03

대명사의 종류와 특징

1 인칭대명사

1. 개념 및 종류 – 사람이나 사물을 대신하는 대명사

인칭	수/성		주격 (주어 자리)	소유격 (형용사 자리)	목적격 (목적어 자리)	소유대명사 (명사 자리)
1인칭	단수		I	my	me	mine
	복수		we	our	us	ours
2인칭	단수		you	your	you	yours
	복수					
3인칭	단수	남성	he	his	him	his
		여성	she	her	her	hers
		사물	it	its	it	-
	복수		they	their	them	theirs

2. 특징

(1) 앞에 나온 명사의 성과 수에 따라 올바른 인칭대명사를 써야한다.

(2) 문장에서의 역할에 따라 격이 결정되므로 주격, 소유격, 목적격의 형태에 주의한다.

> 예 The Earth will not be able to satisfy the food needs of all its inhabitants.

해석
지구는 모든 주민들의 식량 수요를 충족시킬 수 없을 것이다.

3. it의 다양한 쓰임

(1) 비인칭 주어 : 어떤 대상을 지칭하는 것이 아니라 문장의 구성을 위해 쓰이는 대명사로 특히 날씨, 계절, 시간, 요일, 거리, 명암, 막연한 상황에 쓰인다.

(2) 가주어 : 주어가 to부정사, 동명사, 명사절로 길어질 때는 긴 주어를 뒤로 보내고 가주어 it을 주어 자리에 쓴다.

> 예 It is important to study every day.
> 분석

해석
매일 공부하는 것이 중요하다.

(3) 가목적어 : 특정 5형식 타동사 'make, believe, consider, find, think' 등의 동사 뒤에는 진목적어를 'it'이라는 가목적어로 대신한다.

> 예 The noise made it impossible to concentrate.
> 분석

해석
소음 때문에 집중하는 것이 불가능해졌다.

2 재귀대명사

1. 재귀 용법

문장의 주어를 목적어에 다시 언급해야 할 때는 '~self'나 '~selves' 형태로 쓰이는 재귀대명사가 쓰였는지 확인한다.

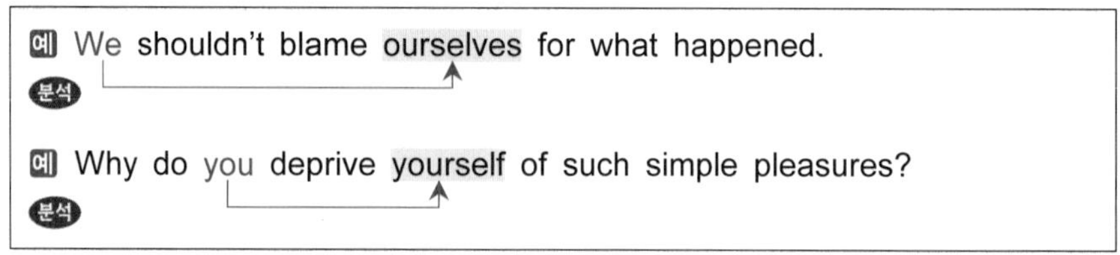

예 We shouldn't blame ourselves for what happened.
분석

예 Why do you deprive yourself of such simple pleasures?
분석

해석
우리가 일어난 일에 대해 우리 자신을 비난해서는 안 된다.

해석
왜 당신은 자신에게서 그처럼 소박한 기쁨을 빼앗는 거죠?

2. 강조 용법

문장의 주어, 목적어, 보어 바로 다음이나 문장 끝에 재귀대명사를 써서 강조할 수 있다.

> 예 She herself finished the project.
> 분석
>
> 예 She cooked the dinner herself.
> 분석

해석
그녀가 직접 그 프로젝트를 끝냈다.

해석
그녀가 저녁 식사를 직접 요리했다.

3. 관용 표현

for oneself	혼자 힘으로, 자기를 위하여
beside oneself	(격정 · 흥분으로) 이성을 잃고
in spite of oneself	자기도 모르게
between ourselves	우리끼리 이야기지만
by oneself	혼자, 다른 사람 없이

> 예 Between ourselves, I don't think he's right for the job.
>
> 예 He smiled in spite of himself.

해석
우리끼리 얘기지만, 나는 그가 그 일에 적합하지 않다고 생각해.

해석
그는 자기도 모르게 미소를 지었다.

3 부정대명사

둘 중	하나 one, 나머지 하나 the other
셋 중	하나 one, 다른 하나 another, 마지막 하나 the other[the third]
정해진 것들을 둘로 나눌 때	some 일부, the others 나머지 모두
두 개 이상의 것과 두 개 이상의 나머지를 가리킬 때	some 일부, others 다른 일부
(둘 사이에) 서로	each other
(셋 사이에) 서로	one another
관용 표현	A is one thing, and B is another A와 B는 별개의 것이다

예 One hand holds the bag, and the other hand holds the umbrella.

예 To say is one thing, and to do is another.

해석
한 손은 가방을 들고, 다른 손은 우산을 든다.

해석
말하는 것과 행동하는 것은 별개의 것이다.

출제포인트 **04**

형용사의 종류와 특징

1 형용사의 역할

1. 한정적 용법[명사 수식]

(1) 전치 수식

> 예 the(관사) useful(형용사) information(명사)
> 분석 수식

(2) 후치 수식

> 예 the(관사) information(명사) available(형용사) in English
> 분석 수식

2. 서술적 용법[보어 역할]

(1) 주격 보어

> 예 She is happy. [2형식 동사 뒤 주격 보어 역할]
> 분석 V_2 S.C

(2) 목적격 보어

> 예 I made her happy. [5형식 동사 뒤 목적격 보어 역할]
> 분석 V_5 O O.C

2 주의해야 할 형용사

1. 서술적 용법으로만 쓰이는 형용사

찐팁
서술적 용법으로만 쓰이는 형용사는 명사 앞에 쓰일 수 없고 보어 역할만 가능하다.

asleep	잠이 든, 자는
alike	같은, 비슷한
alive	살아 있는
afraid	두려워하는, 겁내는
alone	외로운
ashamed	부끄러운

예 Her breathing became steady and she fell asleep.
분석 V_2 S,C

해석
그녀는 호흡이 안정되었고 잠이 들었다.

2. 분사형 형용사

현재분사형 형용사 + 명사		과거분사형 형용사 + 명사	
missing child	실종된 아이	attached document	첨부된 서류
pressing issue	긴급한 일	established routine	확립된 일정
rewarding experience	보람찬 경험	reserved room	예약된 방
leading company	선도하는 회사	written consent	서면으로 된 동의
approaching storm	다가오는 폭풍	qualified candidate	자격이 있는 지원자
increasing demand	증가하는 수요	completed form	작성 완료된 양식
surrounding area	주변의 지역	involved individuals	연루된 사람들
growing number	증가하는 수	installed machine	설치된 기계

3 막연한 수와 구체적인 수 표현

1. 막연한 수

dozens of, scores of	수십의
hundreds of	수백의
thousands of	수천의
tens of thousands of	수만의
millions of	수백만의
billions of	수십억의

예 Her work has given pleasure to millions of readers.
분석 막연한 수 복수명사

해석
그녀의 작품은 수백만 명의 독자들에게 기쁨을 주어 왔다.

2. 구체적인 수

숫자 + 수 단위 명사의 단수형

예 I can accomodate seven hundred students.
분석 구체적인 수 복수명사

해석
그것은 700명의 학생들을 수용할 수 있다.

4 수사와 단위 명사

단위를 나타내는 명사가 수사(two, three, four 등)와 함께 또 다른 명사를 수식하는 형용사 역할을 할 때는 hyphen(-)을 사용하고 항상 단수형을 쓴다. 반면, 명사를 수식하지 않을 때는 복수형으로 쓴다.

예 a five-year-old boy 다섯 살인 소년, a five-story building 5층짜리 건물

5 수량 형용사(수와 양을 나타내는 형용사)와 명사의 수 일치

either, neither, another, every, each, many a	단수 가산명사
both, several, various, numerous, many, few, a number of, the number of	복수 가산명사
little, much, a good deal of, a large amount of, a large quantity of	불가산 명사

예 Many a person has found solace in music during difficult times.
분석 단수 가산명사

예 She bought several books at the bookstore.
분석 복수 가산명사

예 They found a good deal of evidence supporting their hypothesis.
분석 불가산 명사

해석
많은 사람들이 어려운 시기에 음악에서 위로를 얻었다.

해석
그녀는 서점에서 몇 권의 책을 샀다.

해석
그들은 자신들의 가설을 뒷받침하는 많은 증거를 발견했다.

6 어순에 주의해야 할 형용사와 부사

후치 수식	형용사가 -thing, -one, -body 등을 수식할 때는 후치 수식한다.
	부사 enough는 형용사나 부사를 후치 수식한다.
such와 so 어순	such(what / quite / rather) + a + 형용사 + 명사 so(as / too / how / however) + 형용사 + a + 명사
이어 동사 어순	「타동사 + 대명사 + 부사」 순서로 쓴다.

예 I need something interesting
분석 수식

예 He is old enough to drive.
분석 수식

예 She is such a good friend.

예 It was so hot a day that we spent most of it at the beach.

예 He can put it off.
분석 타동사 + 대명사 + 부사

해석
나는 흥미로운 무언가가 필요하다.

해석
그는 운전할 만큼 충분히 나이가 들었다.

해석
그녀는 정말 좋은 친구이다.

해석
그날은 너무 더운 날이었기 때문에 우리는 대부분을 해변에서 보냈다.

해석
그는 그것을 미룰 수 있다.

7 혼동하기 쉬운 형용사

successful	성공적인	successive	연속적인
ingenuous	순진한	ingenious	독창적인
industrial	산업의	industrious	근면한
confident	자신 있는	confidential	은밀한
economical	절약되는	economic	경제의
respectful	공손한	respective	각각의
desirable	바람직한	desirous	원하는
considerate	사려깊은	considerable	상당한
credible	믿을 수 있는	credulous	잘 믿는
sensible	분별 있는	sensitive	민감한
literal	글자 그대로의	literate	학식 있는
valuable	귀중한	invaluable	매우 귀중한
momentary	순간적인	momentous	중대한

찐팁
respectable 존경할만한

찐팁
literary 문학의

예 The event was very successful.
분석 successful: 성공적인

해석
그 행사는 매우 성공적이었다.

예 The team achieved five successive victories.
분석 successive: 연속적인

해석
그 팀은 연속으로 다섯 번의 승리를 거두었다.

예 She is confident in her abilities.
분석 confident: 자신있는

해석
그녀는 자신의 능력에 자신이 있다.

예 This document is confidential.
분석 confidential: 은밀한

해석
이 문서는 기밀이다.

예 You should be respectful to your superiors.
분석 respectful: 공손한

해석
당신은 손윗사람들에게 공손해야 한다.

예 The brothers have their respective interests.
분석 respective: 각각의

해석
그 형제들은 각자의 관심사를 가지고 있다.

예 It was considerate of you to offer your seat.
분석 considerate: 사려깊은

해석
당신이 자리를 제공해 준 것은 사려 깊다.

예 She spent a considerable amount of time on the project.
분석 considerable: 상당한

해석
그녀는 그 프로젝트에 상당한 시간을 쏟았다.

출제포인트 05

부사의 종류와 특징

1 부사의 역할

1. 동사, 형용사, 다른 부사 또는 문장 전체를 수식

동사 수식	예 live **happily** 분석 (happily → live 수식)
형용사 수식	예 **extremely** busy 분석 (extremely → busy 수식)
다른 부사 수식	예 **very** carefully 분석 (very → carefully 수식)
문장 전체 수식	예 **Perhaps** that's true. 분석 (Perhaps → that's true 수식)

2 부분 부정과 전체 부정

부분부정	not all	모두가 ~한 것은 아니다
	not both	둘 다 ~한 것은 아니다
	not every	모두 다 ~하는 것은 아니다
	not always	항상 ~하는 것은 아니다
	not necessarily	반드시 꼭 ~한 것은 아니다

전체부정	not ~ any = none	모두 ~이 아니다
	neither not ~ either	둘 다 ~이 아니다
	never	결코 ~이 아니다
	not at all	결코 ~이 아니다
	not in the least	결코 ~이 아니다

예 Not all students completed the assignment on time.
분석 부분 부정

해석
모든 학생들이 과제를 제시간에 완성한 것은 아니다.

예 None of the students knew the answer to the question.
분석 전체 부정

해석
학생들 중 누구도 그 질문에 대한 답을 몰랐다.

예 Not both candidates were suitable for the position.
분석 부분 부정

해석
두 후보자 모두가 그 직위에 적합한 것은 아니었다.

예 Neither of the answers was correct.
분석 전체 부정

해석
두 개의 답변 모두가 정확하지 않았다.

3 혼동하기 쉬운 부사

hardly	부 거의 ~아니다	nearly	부 거의
hard	형 단단한, 어려운, 힘든, 열심히 하는 부 열심히, 힘들게	near	형 가까운
highly	부 대단히, 매우, (수준 · 양 등이) 높이[많이]	closely	부 가까이, 면밀히
high	형 높은 부 높이, 높게	close	형 가까운, 친밀한
lately	부 최근에	almost	부 거의
late	형 늦은, 전(前), 고(故) 부 늦게	most	형 대부분의 부 가장
		mostly	부 주로, 일반적으로

예 I can hardly believe it.
분석 거의 ~아니다

해석
거의 믿어지지 않는다.

예 He worked hard to finish the project on time.
분석 열심히

해석
그는 프로젝트를 제시간에 끝내기 위해 열심히 일했다.

예 I have been feeling tired lately.
분석 최근에

해석
최근에 나는 피곤함을 느끼고 있다.

예 She arrived late to the meeting.
분석 늦게

해석
그녀는 회의에 늦게 도착했다.

예 The movie is almost over.
분석 거의

해석
영화가 거의 끝나간다.

예 This is the most exciting book I've ever read.
분석 가장

해석
이것은 내가 읽어본 책 중에서 가장 흥미진진한 책이다.

예 The weather here is mostly sunny.
분석 주로

해석
이곳의 날씨는 주로 맑다.

해설 및 해석 ☞ 네이버 카페 '진가영 영어연구소' 에서 확인

LEVEL-UP 연습문제 01 밑줄 친 부분이 어법상 옳으면 O, 옳지 않으면 X하고 올바르게 고치시오.

01 The committee is responsible for organizing the annual charity event. [O | X]

02 The police were quick to respond to the emergency call about the fire. [O | X]

03 Many a student finds this subject challenging but rewarding. [O | X]

04 She spoke with a tone of confidence during her presentation. [O | X]

05 He added a little sugar to his coffee to make it sweeter. [O | X]

06 It was surprising to seeing how much he had improved over the year. [O | X]

07 She prepared the entire meal by oneself without any help. [O | X]

08 One of the twins loves sports, while another prefers reading. [O | X]

09 Hundred of citizens attended the meeting to discuss the new policy changes. [O | X]

10 Only authorized personnel have an access to the confidential files in the office. [O | X]

LEVEL-UP 연습문제01 정답

01 O	02 O
03 O	04 O
05 O	06 X to see
07 X herself	08 X the other
09 X Hundreds of	10 X an 삭제

해설 및 해석 ☞ 네이버 카페 '진가영 영어연구소' 에서 확인

LEVEL-UP 연습문제 02 밑줄 친 부분에 들어갈 말로 가장 적절한 것은?

01 The team worked on ______________ that they barely had time to rest.

① a such tight schedule
② so a tight schedule
③ a so tight schedule
④ such a tight schedule

02 Understanding the theory behind a concept is one thing, but applying it in practice is ________.

① the other
② others
③ the others
④ another

03 She has ______________________________ her long-term career goals despite facing numerous challenges along the way.

① the determination achieve
② determine to achieve
③ determine achieving
④ the determination to achieve

04 __________________ has been assigned by the teachers this semester.

① Much homeworks
② Much homework
③ Many homeworks
④ Many homework

05 The government's response to poverty alleviation is seen as _________________ in the upcoming elections.

① pressing a issue
② a pressed issue
③ a pressing issue
④ a pressing issued

LEVEL-UP 연습문제02 정답

01 ④ 02 ④ 03 ④ 04 ② 05 ③

New Trend
단기합격 길라잡이

진가영 영어
단기합격 문법
All In One

진가영 영어연구소 | cafe.naver.com/easyenglish7

PART

02

동사의 종류와 특징

CHAPTER

03 동사의 유형

신경향 학습 전략

- 2025년 출제 기조 전환에 따라 공무원 영어 시험에 토익과 텝스 그리고 수능 시험이 반영될 예정이므로 이러한 시험들에서 지속적으로 출제되고 있는 중요한 동사들의 특징을 암기하고 필수 예문을 통해 학습한다.
- 공무원 시험에서 기존에 중요하게 다뤄지고 있었던 빈출되는 1형식부터 5형식 동사들의 출제포인트를 학습하도록 한다.
- 동사의 유형은 매년 출제되는 영역으로 기본적인 문법 사항부터 심화 내용까지 출제되는 유형이므로 전반적인 내용을 학습한다.

출제 포인트 마인드 맵

단어의 이해

- 주어만 있으면 완전한 1형식 자동사
  - 특징
    - 보어 (×), 목적어 (×)
    - 부사 (○)
  - 특정 전치사와 함께 쓰이는 1형식 자동사
- 주격 보어가 필요한 2형식 자동사 — 특징: 보어 자리에 형용사나 명사(○), 부사(×)
- 다양한 형태의 3형식 타동사
  - 전치사에 주의할 3형식 타동사
  - 특정 전명구를 수반하는 3형식 타동사
  - 4형식으로 착각하면 안 되는 3형식 타동사
- 목적어를 2개 취하는 4형식 수여 동사: 4형식 수여 동사는 3형식 타동사로 전환 가능
- 목적격 보어가 중요한 5형식 타동사
  - to부정사를 목적격 보어로 취하는 5형식 타동사
  - 원형부정사를 목적격 보어로 취하는 5형식 사역 동사
  - 원형부정사와 현재분사를 목적격 보어로 취하는 5형식 지각 동사
  - 분사를 목적격 보어로 취하는 5형식 동사
  - 명사나 형용사를 목적격 보어로 취하는 5형식 동사

2025 출제 예상 문제

Q 다음 밑줄 친 부분 중 어법상 옳지 않은 것은?

In order to ① comply with international standards, the organization reached ② to an agreement with several key partners. This agreement enables the company ③ to expand its market presence while ensuring that all operations meet the required guidelines. By adhering to these standards, the organization not only enhances its credibility but also builds stronger relationships with stakeholders, ④ paving the way for future collaborations and success.

해석

국제 표준을 준수하기 위해, 그 조직은 여러 주요 파트너들과 합의에 도달했다. 이 합의는 회사가 모든 운영이 필요한 지침을 준수하면서 시장 진출을 확대할 수 있도록 한다. 이러한 표준을 준수함으로써, 조직은 신뢰성을 높일 뿐만 아니라 이해관계자들과 더 강력한 관계를 구축하여 미래의 협력과 성공을 위한 길을 열어준다.

자가진단

01 1형식 자동사는 ❶ ______나 ❷ ______가 필요 없이 ❸ ______만 있으면 완전한 문장 구조를 만든다.

02 특정 ❹ __________와 잘 쓰이는 1형식 자동사는 ❹ __________에 주의한다.

03 2형식 자동사는 주어와 ❺ __________가 있어야 완전한 문장 구조를 만든다.

04 2형식 자동사의 ❻ ________ 주격 보어는 주어의 상태를 보충 설명할 때 쓰이고 ❼ ________ 주격 보어는 주로 주어의 자격이나 신분을 나타낼 때 쓰인다.

05 2형식 자동사의 주격 보어 자리에는 ❽ __________는 쓸 수 없으므로 주의한다.

06 3형식 타동사는 주어와 ❾ __________가 있어야 완전한 문장 구조를 만든다.

07 3형식 타동사는 목적어를 취할 경우 ❿ __________가 필요 없다.

08 3형식 타동사 중 특정 전명구를 수반하는 3형식 타동사의 경우 ⓫ __________에 주의한다.

09 3형식 타동사 중 ⓬ ________으로 착각하면 안 되는 3형식 타동사에 주의한다.

10 4형식 수여 동사는 주어와 ⓭ ________, ⓮ ________가 있어야 완전한 문장 구조를 만든다.

11 4형식 수여 동사는 ⓯ __________ 동사로 쓰일 수 있다.

12 5형식 타동사는 주어와 목적어, ⓰ ____________가 있어야 문장 구조를 만든다.

2025 출제 예상 문제 정답 및 해설

정답 ②

해설 reach는 3형식 타동사로 쓰일 때 전치사 필요 없이 목적어를 취할 수 있으므로 to an agreement를 an agreement로 고쳐야 한다.

자가진단 정답

❶ 보어 ❷ 목적어 ❸ 주어 ❹ 전치사
❺ 주격 보어 ❻ 형용사 ❼ 명사 ❽ 부사
❾ 목적어 ❿ 전치사 ⓫ 전치사 ⓬ 4형식
⓭ 간접목적어 ⓮ 직접목적어 ⓯ 3형식 ⓰ 목적격 보어

출제포인트 01

주어만 있으면 완전한 1형식 자동사

1 개념

주어만 있으면 완전한 문장 구조를 만들며 보어나 목적어가 필요 없는 동사

2 대표 1형식 자동사

자연현상	work	sit	run	rain	sleep
	일하다	앉다	달리다	비가 오다	자다
	stand	walk	swim	snow	lie
	서다	걷다	수영하다	눈이 오다	눕다, 놓여있다
일어나다, 발생하다	occur, happen, take place, break out				
나타나다 ↔ 사라지다	emerge	appear	disappear		
	나타나다	나타나다	사라지다		
존재하다, 살다 ↔ 죽다	exist	live, dwell, reside	die		
	존재하다	살다, 거주하다	죽다		
상승하다 ↔ 떨어지다	rise	fall			
	일어나다, 떠오르다, 상승하다	떨어지다			
왕래발착	come	go	depart	arrive	
	오다	가다	출발하다	도착하다	

3 특징

1. 1형식 자동사는 보어 또는 목적어를 취할 수 없다.

2. 1형식 자동사는 부사와 함께 잘 쓰인다.

예 They ought to apologize.
분석 apologize: V_1

예 She'll arrive in New York at noon.
분석 arrive: V_1

예 Fires occur in the city every year.
분석 occur: V_1

예 She appeared at four o'clock.
분석 appeared: V_1

예 We sleep at night.
분석 sleep: V_1

해석 그들은 사과를 해야 한다.

해석 그녀는 정오에 뉴욕에 도착한다.

해석 매년 화재가 그 도시에서 발생한다.

해석 그녀는 4시에 모습을 나타냈다.

해석 우리는 밤에 잔다.

4 특정 전치사와 함께 쓰이는 1형식 자동사

1. 1형식 자동사와 짝꿍 전치사

apologize for	~에 대해 사과하다	apologize to	~에게 사과하다
apply for	지원하다	apply to	적용하다
agree with agree on agree to	~에 동의하다	abstain from	~을 삼가다, 그만두다
account for	설명하다, 차지하다	belong to	~에 속하다
complain of complain about	~에 대해 불평하다	consist of	~으로 구성되다
consist with	~와 일치하다	consist in	~에 있다
cope with	처리하다, ~을 대처하다	comply with conform to	순응하다, 지키다, 따르다
deal with	처리하다, ~을 다루다		
dispose of	~을 버리다, ~을 처분하다	depend on	~에 의존하다, 달려있다
engage in	~에 종사하다 ~에 참여하다	embark on embark upon	~에 착수하다
function as	~로서 역할하다	graduate from	~을 졸업하다
interfere with	방해하다	interfere in	간섭하다, 개입하다
laugh at	~을 비웃다	object to	~에 반대하다
participate in	~에 참여하다	result from	(~의 결과로) 발생하다, 생기다
result in	~을 야기하다[낳다]	react to respond to	~에 반응하다
succeed in	~에서 성공하다	succeed to	~을 계승하다, 잇다
wait for	~을 기다리다	wait on	시중들다

찐팁
abstain from과 같은 의미의 표현으로 refrain from이 있다.

찐팁
act as와 serve as는 function as와 비슷한 의미로 쓰인다.

2. 특징

(1) 1형식 자동사가 특정 전치사를 수반해서 쓰는 경우로 올바른 전치사의 선택이 중요하다.

(2) 전치사에 따라 의미가 달라질 수 있으므로 해석도 같이 암기해야 한다.

해석
난파선의 내용물은 국가 소유이다.

해석
그 이야기는 증거와 일치하지 않는다.

해석
그 도시의 아름다움은 그곳의 장엄한 건물들에 있다.

해석
그들은 그 쇼의 성공을 설명했다.

해석
대부분의 책은 몇 개의 장으로 이루어져 있다.

해석
그녀의 시들은 죽음이라는 주제를 다룬다.

해석
전교생이 자원봉사에 참여한다.

해석
식사와 함께 제공되는 음료가 소화를 방해한다.

해석
많은 지역 주민들이 그 새 공항 건설에 반대한다.

해석
그는 머지않아 대학을 졸업한다.

예 The contents of shipwrecks **belong to** the state.
분석 1형식 자동사 + 짝꿍전치사

예 The story does not **consist with** the evidence.
분석 1형식 자동사 + 짝꿍전치사

예 The beauty of the city **consists in** its magnificent buildings.
분석 1형식 자동사 + 짝꿍전치사

예 They **accounted for** the show's success.
분석 1형식 자동사 + 짝꿍전치사

예 Most books **consist of** several chapters.
분석 1형식 자동사 + 짝꿍전치사

예 Her poems **deal with** the subject of death.
분석 1형식 자동사 + 짝꿍전치사

예 All the students at the school **engage in** volunteer work.
분석 1형식 자동사 + 짝꿍전치사

예 Beverages served with meals **interfere with** digestion.
분석 1형식 자동사 + 짝꿍전치사

예 Many local people **object to** the building of the new airport.
분석 1형식 자동사 + 짝꿍전치사

예 He will **graduate from** college soon.
분석 1형식 자동사 + 짝꿍전치사

출제포인트 02

주격 보어가 필요한 2형식 자동사

1 개념

주어와 주격 보어가 있어야 완전한 문장 구조를 만드는 동사

2 대표 2형식 자동사

2형식 자동사		주격 보어
상태유지	be	형용사, 명사, to부정사
	keep, remain, stay, stand, hold	형용사
상태변화	go, get, grow, run, turn, fall, come, become	형용사
추측	seem, appear	형용사, 명사, to부정사
판명	prove, turn out	형용사, 명사, to부정사
감각	look, sound, feel, taste, smell	형용사, like 명사

3 특징

(1) 2형식 자동사의 형용사 주격 보어는 주어의 상태를 보충 설명할 때 쓰이고 명사 주격 보어는 주로 주어의 자격이나 신분을 나타낼 때 쓰인다.

(2) 보어 자리에 부사는 쓸 수 없으므로 주의한다.

예 Though it sounds strange, it is quite true.
분석 sounds: V_2, strange: S.C, is: V_2, true: S.C

해석 비록 그것이 이상하게 들릴지라도, 그것은 꽤 사실이다.

예 The coffee tasted horrible.
분석 tasted: V_2, horrible: S.C

해석 그 커피는 맛이 끔찍했다.

예 He smells bad.
분석 smells: V_2, bad: S.C

해석 그는 안 좋은 냄새가 난다.

예 Having drunken three cups of coffee, she can't fall asleep.
분석 fall: V_2, asleep: S.C

해석 커피 세 잔을 마셨기 때문에, 그녀는 잠을 이룰 수 없다.

예 The skies grew dark and it began to rain.
분석 grew: V_2, dark: S.C

해석 하늘이 컴컴해지더니 비가 오기 시작했다.

해석
가뭄 중에 강물이 말랐다.

해석
결국에는 당신이 그 소음을 의식하지 못하게 된다.

해석
그것은 불충분하다는 것이 드러났다.

해석
그 집은 오랫동안 계속 비어 있었다.

해석
이 체인들은 꽤 단단해 보인다.

예 The river **ran** dry during the drought.
분석 ran: V_2, dry: S.C

예 You eventually **become** oblivious to the noise.
분석 become: V_2, oblivious: S.C

예 It **proved** insufficient.
분석 proved: V_2, insufficient: S.C

예 The house **remained** empty for a long time.
분석 remained: V_2, empty: S.C

예 These chains **seem** fairly solid.
분석 seem: V_2, solid: S.C

출제포인트 03 다양한 형태의 3형식 타동사

1 개념

주어와 목적어가 있어야 완전한 문장 구조를 만드는 동사

2 전치사에 주의할 3형식 타동사

approach	접근하다 ~~(to)~~	accompany	동행하다 ~~(with)~~
address	연설하다 ~~(to)~~	await	기다리다 ~~(for)~~
answer	답하다 ~~(to)~~	attend	참석하다 ~~(in)~~
affect	영향을 미치다 ~~(to)~~	contact	접촉하다 ~~(to)~~
comprise	구성되다 ~~(of)~~	consider	고려하다 ~~(about)~~
discuss	논의하다 ~~(about)~~	enter	들어가다 ~~(in)~~
face	직면하다 ~~(with)~~	greet	인사하다 ~~(to)~~
inhabit	거주하다 ~~(in)~~	influence	영향을 미치다 ~~(to)~~
join	가입하다 ~~(in)~~	marry	결혼하다 ~~(with)~~
oppose	반대하다 ~~(to)~~	obey	복종하다 ~~(to)~~
reach	도달하다 ~~(to)~~	resemble	닮다 ~~(with)~~

예 She has **married** her husband for more than two decades.
분석 married: V_3, her husband: O

예 You must **obey** your senior officers.
분석 obey: V_3, your senior officers: O

예 The minister will **address** the public tonight.
분석 address: V_3, the public: O

예 We **discussed** this problem.
분석 discussed: V_3, this problem: O

예 She **reached** the mountain summit with her friend on Sunday.
분석 reached: V_3, the mountain summit: O

해석
그녀는 남편과 결혼한 지 20년 이상 되었다.

해석
당신은 상급 장교에게 복종해야 한다.

해석
장관은 오늘 밤 대중들에게 연설할 것이다.

해석
우리는 이 문제를 논의했다.

해석
그녀는 일요일에 그녀의 친구와 함께 정상에 올랐다.

찐팁 통고·확신 동사는 of B 대신에 that절을 쓸 수 있다.

3 특정 전명구를 수반하는 3형식 타동사

	3형식 타동사	목적어	특정 전치사
금지·방해	keep, stop, prevent, prohibit, inhibit, deter, dissuade, discourage	A	from -ing
제거·박탈	rob 강탈하다　rid 제거하다 deprive 빼앗다　strip 벗기다	A	of B
탓	attribute, owe, ascribe, impute	A	to B
비난	blame 비난하다　criticize 비판하다 scold 꾸짖다	A	for B
비난	accuse 비난하다, 기소하다, 고발하다	A	of B
비난	charge 비난하다, 기소하다, 고발하다	A	with B
통고·확신	inform 알리다　notify 알리다 remind 상기시키다　convince 확신시키다 assure 확신시키다	A	of B
공급	provide 제공하다　supply 공급하다 furnish 공급하다　equip 갖추다 present 증정하다	A	with B
부과	impose ~을 부과하다	A	on B

예 Her lack of a degree kept her from advancing.
분석 kept: V_3 / from: 특정 전치사 확인

해석 학위가 없는 것이 그녀의 성공을 방해했다.

예 The heavy rain prevented us from playing baseball.
분석 prevented: V_3 / from: 특정 전치사 확인

해석 폭우는 우리가 야구를 하지 못하도록 했다.

예 We can rid ourselves of our suspiciousness.
분석 rid: V_3 / of: 특정 전치사 확인

해석 우리는 의심을 떨쳐버릴 수 있다.

예 They cannot deprive people of that basic right.
분석 deprive: V_3 / of: 특정 전치사 확인

해석 그들은 사람들에게 기본권을 빼앗을 수 없다.

예 She accused the CEO of embezzlement.
분석 accused: V_3 / of: 특정 전치사 확인

해석 그녀는 그 대표를 횡령으로 고소했다.

예 They charged him with murder.
분석 charged: V_3 / with: 특정 전치사 확인

해석 그들은 그를 살인으로 고소했다.

예 The police station provided refugees with commodities.
분석 provided: V_3 / with: 특정 전치사 확인

해석 그 경찰서는 난민에게 생필품을 제공했다.

예 The inventor attributed the discovery to the dream.
분석 attributed: V_3 / to: 특정 전치사 확인

해석 발명가는 그 발견을 꿈 탓으로 돌렸다.

예 It reminds me of the memories of the past 24 years.
분석 reminds: V_3 / of: 특정 전치사 확인

해석 그것은 나에게 지난 24년의 기억을 상기시킨다.

예 I informed him of her success.
분석 informed: V_3 / of: 특정 전치사 확인

해석 나는 그에게 그녀의 성공을 알렸다.

4 4형식으로 착각하면 안 되는 3형식 타동사

say, explain, suggest, announce, describe, propose, introduce, mention	목적어 (to 사람)	○
say, explain, suggest, announce, describe, propose, introduce, mention	간.목 + 직.목	×

예 She described the scene to me.
분석 V_3 O

예 The speaker explained the main reason.
분석 V_3 O

해석
그녀가 그 광경을 나에게 묘사했다.

해석
그 연사는 주된 이유를 설명했다.

출제포인트 **04**

목적어를 2개 취하는 4형식 수여 동사

1 개념

주어, 동사, 간접목적어, 직접목적어로 완전한 문장 구조를 만드는 동사

2 대표 4형식 수여 동사

4형식	give, send, lend, tell, show, teach, offer, bring + 간접목적어 + 직접목적어
3형식 전환	→ give, send, lend, tell, show, teach, offer, bring + 직접목적어 (to 간접목적어)
4형식	make, buy + 간접목적어 + 직접목적어
3형식 전환	→ make, buy + 직접목적어 (for 간접목적어)
4형식	ask + 간접목적어 + 직접목적어
3형식 전환	→ ask + 직접목적어 (of 간접목적어)

3 특징

1. 4형식 수여 동사는 목적어를 2개 취하는 동사이고 간접목적어는 '~에게'로 해석하고 직접목적어는 '~을/를'로 해석한다.

2. 4형식 수여 동사는 3형식 동사로 쓰일 수 있다.

예 We **offered** **him** a better position.
분석 V_4 I.O D.O

해석 우리는 그에게 보다 더 좋은 지위를 제안했다.

예 We **offered** a better position **to him**.
분석 V_3 D.O to I.O

예 My uncle **gave** **me** his watch.
분석 V_4 I.O D.O

해석 삼촌은 나에게 시계를 주셨다.

예 My uncle **gave** his watch **to me**.
분석 V_3 D.O to I.O

예 She **made** **me** the toy.
분석 V_4 I.O D.O

해석 그녀가 나에게 장난감을 만들어 주었다.

예 She **made** the toy **for me**.
분석 V_3 D.O for I.O

예 I **asked** **him** a question.
분석 V_4 I.O D.O

해석 나는 그에게 질문을 했다.

예 I **asked** a question **of him**.
분석 V_3 D.O of I.O

출제포인트 **05**

목적격 보어가 중요한 5형식 타동사

1 개념

주어, 목적어, 목적격 보어가 있어야 완전한 문장 구조를 만드는 동사

2 to부정사를 목적격 보어로 취하는 5형식 타동사

대표 5형식 동사			목적격 보어	목적어와 목적격 보어의 관계
기대	want, expect	목적어	to부정사	능동
요청	ask, require, request			
충고	advise			
명령	tell, order, command			
강요	force, oblige, compel, impel		과거분사	수동
유발	cause, lead, get			
설득	persuade			
격려	encourage, enable			
허가	allow, permit			

예 The snow caused lots of people to slip on the road.
분석 caused: V_5, to slip: O.C

예 I'll never get all this work finished.
분석 get: V_5, finished: O.C

해석
눈이 와서 많은 사람이 길에서 미끄러졌다.

해석
나는 절대 이 일을 다 끝낼 수가 없을 것이다.

3 5형식 사역 동사

사역 동사		목적격 보어	목적어와 목적격 보어의 관계
make, have, let	목적어	원형부정사	능동
make, have		과거분사	수동
let		be p.p.	

예 My father **made** me visit my relatives.
분석 V_5 O.C

해석 나의 아버지는 내가 친척들을 방문하게 했다.

예 I **make** myself understood in English.
분석 V_5 O.C

해석 나는 영어로 의사소통할 수 있다.

예 The professor will **have** the students conduct the research.
분석 V_5 O.C

해석 그 교수는 학생들이 연구를 수행하도록 했다.

예 Her parents didn't **let** her go to Europe.
분석 V_5 O.C

해석 그녀의 부모는 그녀가 유럽으로 가는 것을 허락하지 않았다.

예 He **let** it be done two weeks ago.
분석 V_5 O.C

해석 그는 그것이 2주 전에 마무리되도록 했다.

4 원형부정사와 현재분사를 목적격 보어로 취하는 5형식 지각 동사

지각 동사			목적어	목적격 보어	목적어와 목적격 보어의 관계
see	watch	notice	목적어	원형부정사, 현재분사	능동
observe	feel			과거분사	수동
hear	listen to				

예 I **watched** him swim across the river.
분석 V_5 O.C

해석 나는 그가 강을 헤엄쳐 건너는 것을 지켜보았다.

예 She **heard** her name called outside.
분석 V_5 O.C

해석 그녀는 밖에서 자기 이름이 불리는 소리를 들었다.

5 분사를 목적격 보어로 취하는 5형식 동사

분사를 목적격 보어로 취하는 5형식 동사		목적어	목적격 보어	목적어와 목적격 보어 관계
find	알다, 깨닫다	목적어	형용사	상태
leave	~한 상태로 두다		현재분사	능동
keep	유지하다		과거분사	수동
catch	발견하다[목격하다]			

예 He **found** his favorite jar broken.
분석 V_5 O.C

해석 그는 그가 가장 좋아하는 항아리가 깨진 것을 발견했다.

예 I **find** myself enjoying classical music.
분석 V_5 O.C

해석 나는 내가 고전음악을 즐긴다는 것을 알게 되었다.

예 Just eating a lot of vegetables will **keep** you perfectly healthy.
분석 V_5 O.C

해석 야채를 많이 먹는 것만으로도 건강을 완벽하게 유지할 수 있다.

6 명사나 형용사를 목적격 보어로 취하는 5형식 동사

형용사나 명사를 목적격 보어로 취하는 5형식 동사					목적격 보어
call		name		목적어	명사
elect		appoint			(as 또는 to be) 명사
see	view	take	regard		as 명사 또는 as 형용사
think of	speak of	refer to	look upon		

예 We elected him as our representative.
분석 elected: V_5, as our representative: O.C

예 Many people look upon the world as a dichotomy between good and evil.
분석 look upon: V_5, as a dichotomy: O.C

해석
우리는 그를 우리의 대표로 선출했다.

해석
많은 사람들이 선과 악이라는 이분법으로 세상을 바라본다.

PART 02

해설 및 해석 ☞ 네이버 카페 '진가영 영어연구소' 에서 확인

LEVEL-UP 연습문제 01 밑줄 친 부분이 어법상 옳으면 O, 옳지 않으면 X하고 올바르게 고치시오.

01 New technologies often emerge from years of research and development.

02 The success of the project will depend on everyone's cooperation.

03 He seemed to have forgotten about our meeting this morning.

04 Her perfume smelled like roses, reminding him of their first date.

05 She closely resembles with her mother, with the same smile and eyes.

06 The police decided to accuse him with theft based on the evidence.

07 The government decided to impose stricter regulations on pollution.

08 He needed to explain his absence from work his boss.

09 The teacher caught the student cheating during the exam.

10 They agreed to let it fixed before the weekend.

LEVEL-UP 연습문제01 정답

01 O	02 O
03 O	04 O
05 X resembles	06 X of theft
07 O	08 X to his boss
09 O	10 X let it be fixed

해설 및 해석 ☞ 네이버 카페 '진가영 영어연구소' 에서 확인

LEVEL-UP 연습문제 02 밑줄 친 부분에 들어갈 말로 가장 적절한 것은?

01 His plan for the project ______________________, starting with research and ending with implementation.

① consists for several phases ② consists at several phases
③ consists in several phases ④ consists of several phases

02 His habit of checking his phone every few minutes ___________ his ability to engage fully in conversations.

① interferes with ② interfering with
③ to interfere ④ interferes

03 The negotiations appear ____________ in a positive direction, with both parties showing a willingness to compromise.

① to heading ② to headed
③ to be heading ④ being heading

04 The contract prohibits _________________ alterations to the property without prior approval.

① tenants from make ② tenants making
③ tenants from making ④ tenants to making

05 The new policy forced __________________ additional identification to complete their transactions.

① customers provided ② customers to provide
③ customers providing ④ customers provision

LEVEL-UP 연습문제02 정답

01 ④ 02 ① 03 ③ 04 ③ 05 ②

CHAPTER

04 동사의 시제

신경향 학습 전략

- 2025년 출제 기조 전환에 따라 공무원 영어 시험에 토익과 텝스 그리고 수능 시험이 반영될 예정이므로 이러한 시험들에서 지속적으로 출제되고 있는 **중요한 시제들의 특징**을 암기하고 출제포인트를 학습한다.
- 공무원 시험에서 기존에 중요하게 다뤄지고 있었던 '**과거시제, 현재시제, 미래시제, 과거 완료시제, 현재완료시제** 그리고 **진행시제가 불가한 경우**'에 대한 내용을 학습한다.
- 시제는 학습자들이 어려워하는 영역에 속하기 때문에 시험에서 다루지 않는 개념까지 자세하고 깊게 학습하는 것은 지양하고 **시제를 나타내는 특정 단서들**, 특히 **시간을 나타내는 부사나 특정 접속사나 특정 내용**을 학습한다.

출제 포인트 마인드 맵

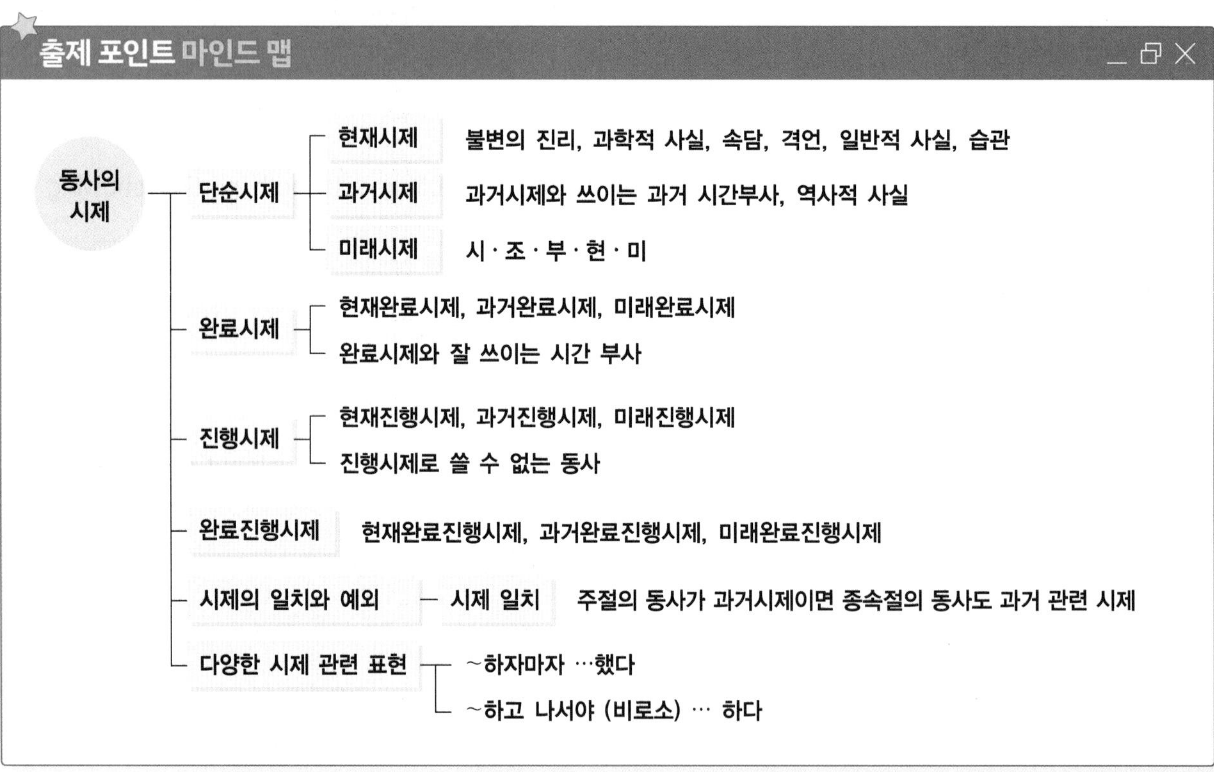

2025 출제 예상 문제

Q 다음 밑줄 친 부분 중 어법상 옳지 않은 것은?

By the time she completed her degree, she ________________ multiple job offers from top companies in her field.

① has already received ② already receiving
③ had already received ④ will have already received

해석
그녀가 학위를 마쳤을 때쯤, 그녀는 이미 자신의 분야에서 최고 회사들로부터 여러 일자리 제안을 받았다.

자가진단

01 동사의 어형변화를 통한 시간 관계의 표현을 ❶ ______(tense)라고 한다.

02 현재 시제는 현재의 ❷ ________이나 ❸ ______를 나타낸다.

03 현재 시제는 ❹ ______________, 과학적 사실, 속담, 격언 등을 나타낸다.

04 과거 시제는 ❺ __________와 관련 없는 과거에 행한 동작이나 상태를 나타낸다.

05 과거시제와 쓰이는 과거 시간부사에는 ❻ ______________, ❼ ______________, ❽ ______________, at that time, yesterday 등이 있다.

06 미래시제는 미래에 발생하는 상황이나 현상 또는 ❾ ______________와 결정이나 약속을 나타낸다.

07 시간, 조건 부사절에서는 의미상 미래일지라도 ❿ _________가 ⓫ _________를 대신한다.

08 현재완료시제는 ⓬ _________ 두 시점에 관련되어 있으며 기간의 개념이다.

09 과거완료시제는 ⓭ ___________ 두 시점에 관련되어 있으며 기간의 개념이다.

10 『by the time 주어 + 현재시제 ~』는 주절에 ⓮ ______________를 쓴다.

11 『by the time 주어 + 과거시제 ~』는 주절에 ⓯ _____________를 쓴다.

12 주어가 의도적으로 어떤 행위를 중단하거나 계속하거나 반복할 수 있는 동작 동사의 경우에는 진행시제가 가능하지만 일반적으로 ⓰ ____________________, 상태, 감정 동사 등은 진행 시제로 쓸 수 없다.

2025 출제 예상 문제 정답 및 해설

정답 ③

해설 'by the time 주어 + 과거시제 동사'는 주절에 과거 완료 시제 동사와 함께 쓰인다.

자가진단 정답

❶ 시제 ❷ 동작 ❸ 상태 ❹ 불변의 진리
❺ 현재 ❻ 시간 ago ❼ last 시점 ❽ in 지난 연도
❾ 주어의 의지 ❿ 현재시제 ⓫ 미래 ⓬ 과거와 현재
⓭ 대과거와 과거 ⓮ 미래완료시제 ⓯ 과거완료시제 ⓰ 소유, 인식, 감각

출제포인트 **01**

시제의 이해

1 개념 및 형태

1. 동사의 어형변화를 통한 시간 관계의 표현을 시제(tense)라고 한다.

2. 영어에서는 현재시제, 과거시제, 미래시제가 단순[기본]시제이고 여기에 진행형, 완료형, 완료진행형을 결합하여 12개의 시제가 쓰인다.

3. 형태

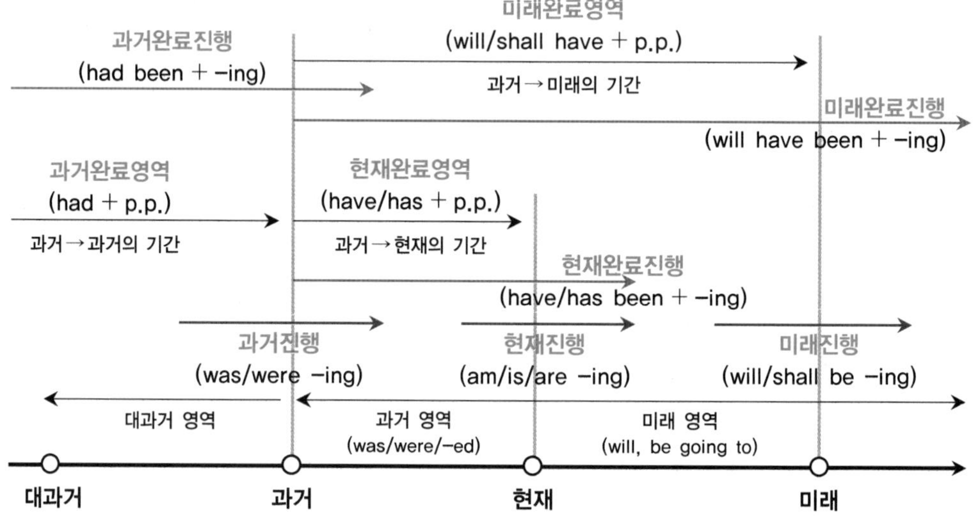

2 시제 대표 예문

시제	예문
과거	She played the piano. 그녀는 피아노를 연주했다.
현재	She plays the piano. 그녀는 피아노를 연주한다.
미래	She will play the piano. 그녀는 피아노를 연주할 것이다.
과거진행	She was playing the piano. 그녀는 피아노를 연주하고 있던 중이었다.
현재진행	She is playing the piano. 그녀는 피아노를 연주하는 중이다.
미래진행	She will be playing the piano. 그녀는 피아노를 연주하는 중일 것이다.
과거완료	She had played the piano. 그녀는 피아노를 연주해 오고 있었다.
현재완료	She has played the piano for ten years. 그녀는 10년 동안 피아노를 연주해왔다.
미래완료	She will have played the piano. 그녀는 피아노를 연주하고 있을 것이다.
과거완료진행	She had been playing the piano. 그녀는 피아노를 연주해오던 중이었다.
현재완료진행	She has been playing the piano. 그녀는 피아노를 연주해오고 있는 중이다.
미래완료진행	She will have been playing the piano. 그녀는 피아노를 연주해오고 있는 중일 것이다.

출제포인트 02

단순 시제

1 현재시제

1. 개념 및 용법

(1) 형태 – 'am, are, is' 또는 '일반동사의 원형 또는 일반동사의 원형(e)s'

(2) 현재의 동작이나 상태를 나타낸다.

(3) 불변의 진리, 과학적 사실, 속담, 격언, 일반적 사실, 습관을 나타낸다.

2. 현재시제와 잘 쓰이는 시간부사

(1) always 항상, usually 대개, often 종종

(2) generally 일반적으로, regularly 정기적으로, weekly 매주의, monthly 매월

예 I do aerobics three times a week.

분석 일주일에 세 번(three times a week)과 같은 습관이나 반복적인 일은 현재시제로 쓴다.

해석 나는 일주일에 세 번 에어로빅을 한다.

예 The earth is round.

분석 불변의 진리나 자연현상은 항상 현재시제로 쓴다.

해석 지구는 둥글다.

예 The sun rises in the east and sets in the west.

분석 불변의 진리나 자연현상은 항상 현재시제로 쓴다.

해석 해는 동쪽에서 뜨고 서쪽에서 진다.

예 Time and tide waits for no man.

분석 격언이나 속담은 항상 현재시제로 쓴다.

해석 세월은 사람을 기다려주지 않는다.

2 과거시제

1. 개념 및 용법

(1) 형태 – 'was, were' 또는 '일반동사의 과거형'

(2) 현재와 관련 없는 과거에 행한 동작이나 상태를 나타낸다.

(3) 역사적 사실을 나타낼 때 쓰인다.

2. 과거시제와 쓰이는 과거 시간부사

(1) 시간 ago, last 시점, in 과거 연도, those days, at that time, yesterday

(2) [when + 주어 + 과거시제 동사 → 주절에 과거 관련 시제]
[before + 주어 + 과거시제 동사 → 주절에 과거 관련 시제]

예 Last night the police said that they had found the missing.
분석 'last 시점'은 과거시제 동사와 함께 쓰인다.

예 Parkmungak, the most famous academy in Noryangjin, was established in 1972.
분석 'in 지난 연도'는 과거시제 동사와 함께 쓰인다.

예 I successfully completed writing the book three weeks ago.
분석 '시간 ago'는 과거시제 동사와 함께 쓰인다.

예 I got scared when I saw the truck closing up on me.
분석 시간 부사절 'when 주어 과거시제 동사'는 주절에 과거 관련 시제로 쓴다.

예 Jamie learned from the book that World War I broke out in 1914.
분석 역사적 사실은 과거시제로 쓴다.

해석
어젯밤에 경찰은 행방불명된 소녀를 찾았다고 말했다.

해석
노량진에서 가장 유명한 학원인 박문각은 1972년에 설립되었다.

해석
나는 3주 전에 책 쓰는 것을 성공적으로 마무리했다.

해석
나는 트럭이 가까이 다가오는 것을 보고 겁에 질렸다.

해석
Jamie는 그 책에서 제1차 세계대전이 1914년에 발발했다는 것을 배웠다.

3 미래시제

1. 개념 및 용법

(1) 형태 – 'will 동사원형' 또는 'be going to 동사원형'

(2) 미래에 발생하는 상황이나 현상 또는 주어의 의지와 결정이나 약속을 나타낸다.

2. 시 · 조 · 부 · 현 · 미

(1) 시간, 조건 부사절에서는 의미상 미래일지라도 현재시제가 미래를 대신한다.
→ 시간 · 조건 부사절 접속사 + 주어 + 현재시제 동사

(2) 주절에는 미래면 미래시제를 그대로 쓴다.

(3) 접속사 when이나 if가 명사절 접속사 역할을 할 때는 미래면 미래시제로 쓴다.

(4) 접속사 when이 관계부사로서 시간 명사를 수식할 때는 미래면 미래시제로 쓴다.

주절	시간 조건 부사절		
• 주어 + will 동사원형 • 주어 + 조동사 현재형 + 동사원형 • 명령문	• when • before • after • till • until • as soon as • by the time • if • unless • in case • on condition that	+ 주어	+ 현재동사

찐팁
조동사의 현재형에는 can, may, must 등이 있다.

찐팁
명령문은 문장의 주어인 'you'가 생략되고 동사원형으로 시작하는 문장이다.

3. 왕래발착 동사

(1) 개념 및 종류

① '오다, 가다, 출발하다, 도착하다'와 같은 움직임을 나타내는 동사

② 종류 – go, come, leave, depart, arrive

(2) 특징

① 왕래발착 동사는 현재시제 또는 현재진행시제로 미래를 나타낼 수 있다.

예 When he retires next month, we will give him a present.
분석 시간, 조건 부사절에서는 의미상 미래일지라도 현재시제가 미래를 대신한다.

해석 다음 달에 그가 은퇴하면 우리가 그에게 선물을 줄 것이다.

예 If it rains tomorrow, I will just stay at home.
분석 시간, 조건 부사절에서는 의미상 미래일지라도 현재시제가 미래를 대신한다.

해석 내일 비가 온다면, 우리는 단지 집에 머무를 것이다.

예 I will go out if the rain stops.
분석 시간, 조건 부사절에서는 의미상 미래일지라도 현재시제가 미래를 대신한다.

해석 비가 그치면 나는 외출할 것이다.

예 You will be paid on condition that the work is finished.
분석 시간, 조건 부사절에서는 의미상 미래일지라도 현재시제가 미래를 대신한다.

해석 그 일이 마무리되는 조건으로 너는 보수를 받을 것이다.

예 I wonder if she will finish the work by tomorrow.
분석 접속사 if가 명사절 역할을 할 때는 미래면 미래시제로 쓴다.

해석 나는 그녀가 내일까지 그 일을 끝낼 수 있을지 궁금하다.

예 I will let you know when I will help you.
분석 접속사 when이 명사절 역할을 할 때는 미래면 미래시제로 쓴다.

해석 내가 너를 언제 도와줄 수 있는지 알려주겠다.

예 I don't know the time when she will leave.
분석 접속사 when이 관계부사로서 시간 명사를 수식할 때는 미래면 미래시제로 쓴다.

해석 나는 그녀가 언제 떠날지 모른다.

예 He is leaving for China next Friday.
= He leaves for China next Friday.
= He will leave for China next Friday.
분석 왕래발착 동사인 leave는 현재시제, 현재진행시제로 미래시제를 나타낼 수 있다.

해석 그는 다음 주 금요일에 중국으로 떠날 것이다.

출제포인트 **03**

완료시제

1 현재완료시제

1. 형태 – have[has] p.p.

2. 개념

과거와 현재 두 시점에 관련되어 있으며 기간의 개념이다.

3. 용법

과거 어느 시점부터 현재까지 행위와 동작 등의 완료, 과거의 경험, 상태 또는 행위나 동작의 현재까지의 계속, 행위나 동작 등의 완료가 현재에 미치는 결과를 나타낸다.

2 과거완료시제

1. 형태 – had p.p.

2. 개념

대과거와 과거 두 시점에 관련된 기간의 개념이다.

찐팁 대과거란 기준 시점이 되는 과거보다 앞선 그 이전의 과거를 의미한다.

3. 용법

(1) 대과거로부터 기준시점이 되는 과거까지의 '완료, 경험, 계속, 결과'를 나타낸다.

(2) 일반적으로 기준 과거 시점(when 주어 + 과거시제 동사, before 주어 + 과거시제 동사)과 함께 쓰인다.

(3) 과거완료시제는 현재시제와 함께 쓰이지 않는다.

3 현재완료시제 또는 과거완료시제와 잘 쓰이는 시간 부사

완료	just, already, not ~ yet
경험	ever, never, once, twice, many times, before
계속	for 기간, over 기간, since + (과거) 시점, since 주어 + 과거동사
결과	특정한 시간 부사 없이 쓰이는 경우

해석
수년 동안, 나는 목표를 갖는 것이 필수적이라는 것을 알았다.

해석
그녀는 지난 3년간 내 비서로 일했다.

해석
나는 아직 오늘 신문을 못 읽었다.

해석
나는 벌써(이미) 그를 만났다.

해석
우리가 도착했을 때 영화는 이미 시작했었다.

해석
나는 그가 나타나기 전에 한 시간을 기다렸다.

해석
그들이 10년간 살았던 집이 폭풍에 심하게 손상되었다.

해석
그들이 이곳에 돌아올 때쯤이면 그녀는 이미 고국으로 떠난 뒤일 것이다.

예 Over the years, I have found it essential to have a goal.
분석 'over 기간'은 완료시제와 잘 쓰는 시간 부사이다.

예 She has worked as my secretary for the last three years.
분석 'for 기간'은 완료시제와 잘 쓰는 시간 부사이다.

예 I have not read today's newspaper yet.
분석 'not ~ yet'은 완료시제와 잘 쓰는 시간 부사이다.

예 I have already seen him.
분석 'already'는 완료시제와 잘 쓰는 시간 부사이다.

예 The movie had already started when we arrived.
분석 과거 시점을 나타내는 'when 주어 + 과거시제 동사'와 완료시제와 잘 쓰이는 already가 함께 쓰일 때 과거완료시제가 잘 쓰인다.

예 I had waited for an hour before he appeared.
분석 과거 시점을 나타내는 'before 주어 + 과거시제 동사'와 완료시제와 잘 쓰이는 'for 기간'이 함께 쓰일 때 과거완료시제가 잘 쓰인다.

예 The house in which they had lived for 10 years was badly damaged by the storm.
분석 주절에 과거시제 동사와 완료시제와 잘 쓰이는 'for 기간'이 함께 쓰일 때 과거완료시제가 잘 쓰인다.

예 By the time they came back here, she had left for her country.
분석 'by the time 주어 + 과거 동사'는 주절에 과거완료시제와 잘 쓰인다.

4 미래완료시제

1. 형태 – will have p.p

2. 개념 및 용법

과거, 현재 또는 미래에 시작한 일이 특정한 미래까지 상태나 동작의 '완료, 경험, 계속, 결과'를 나타낸다.

3. 미래완료 시제와 잘 쓰이는 시간 부사

by + 미래 표시 어구 예 next Friday, next month, 2030
by the time 주어 + 현재시제 동사
if 주어 + 현재시제 동사 + again, once more

예 I will have climbed Mt. Halla three times if I climb it again.
분석 'if 주어 현재시제 동사 + again'은 주절에 미래완료시제와 잘 쓰인다.

예 By 2029, scientists surely will have discovered a cure for the common cold.
분석 'by 미래 표현'은 주절에 미래완료시제와 잘 쓰인다.

예 By the time the letter reaches you, I will have left this city.
분석 'by the time 주어 현재 관련시제 동사'는 주절에 미래완료시제와 잘 쓰인다.

해석
만약 내가 한라산을 다시 등반한다면 세 번째 등반하는 것이다.

해석
2029년까지, 과학자들은 일반 감기의 치료법을 확실하게 발견할 것이다.

해석
그 편지가 너에게 도착할 때쯤이면, 나는 이 도시를 떠날 것이다.

출제포인트 04

진행시제

1 진행시제

1. 형태

현재진행시제	am, are, is -ing
과거진행시제	was, were -ing
미래진행시제	will be -ing

2. 용법

(1) 어떤 특정 시점에 동작이 끝나지 않고 진행 중이라는 의미를 나타낸다.

(2) 일반적으로 일시적인 동작이나 행위를 의미를 나타낸다.

예 The students are studying hard to prepare for the exams.
분석 동작 동사는 진행시제와 잘 쓰인다.

해석 학생들은 시험 준비를 위해 열심히 공부하고 있다.

예 She was playing with a knife, so I took it off her.
분석 동작 동사는 진행시제와 잘 쓰인다.

해석 그녀가 칼을 가지고 놀고 있어서 내가 그걸 뺐었다.

예 This time next week we will be traveling through Mexico.
분석 동작 동사는 진행시제와 잘 쓰인다.

해석 다음주 이 시간이면 우리는 멕시코를 여행하고 있을 것이다.

2 진행시제로 쓸 수 없는 동사

1. 개념

주어가 의도적으로 어떤 행위를 중단하거나 계속하거나 반복할 수 있는 동작 동사의 경우에는 진행시제가 가능하지만 일반적으로 소유, 인식, 감각, 상태, 감정 동사 등은 진행 시제로 쓸 수 없다.

2. 진행시제로 쓸 수 없는 동사

소유 동사	hav	가지다	possess	소유하다
	own	소유하다	include	포함하다
	belong to	~에 속하다		
인식 동사	know	알다	understand	이해하다
감각 동사	taste	~한 맛이 나다	look	~하게 보이다
	sound	~하게 들리다	smell	~한 냄새가 나다
상태 동사	resemble	닮다	remain	계속 ~이다
	seem	~인 것 같다	appear	~인 것 같다
	consist of	~로 구성되다		
감정 동사	love	사랑하다	like	좋아하다
	prefer	선호하다	hate	싫어하다

예 Mashed potatoes taste good with butter or gravy.
분석 감각 동사는 진행시제로 쓸 수 없으므로 주의한다.

예 Farts smell bad, but they are not a big deal.
분석 감각 동사는 진행시제로 쓸 수 없으므로 주의한다.

예 The contents of shipwrecks belong to the state.
분석 소유 동사는 진행시제로 쓸 수 없으므로 주의한다.

예 So many hotels resemble each other.
분석 상태 동사는 진행시제로 쓸 수 없으므로 주의한다.

해석
으깬 감자는 버터나 그래비와 함께 먹으면 맛이 좋다.

해석
방귀는 냄새가 고약하지만 그것은 별일 아니다.

해석
난파선의 내용물은 국가 소유이다.

해석
너무나 많은 호텔들이 서로 비슷하다.

출제포인트 **05**

시제의 일치와 예외

1 시제의 일치

주절	종속절
주어 + 현재시제 동사	that 주어 + 현재, 과거, 미래시제 모두 가능 단, 과거완료시제는 쓸 수 없으므로 주의한다.
주어 + 과거시제 동사	that 주어 + 과거관련시제 동사 (과거, 과거진행, 과거완료, 과거 조동사 가능) 즉, 현재시제나 조동사 will이 사용될 수 없으므로 주의한다.

예 He had to fight against winds that blew over 40 miles an hour.

분석 시제 일치의 원칙에 따라 주절의 동사가 과거시제인 경우에 종속적의 동사도 과거 관련 시제를 쓴다.

해석
그는 시속 40마일이 넘는 바람과 싸워야 했다.

2 시제의 일치 예외

시제 일치 예외
• 종속절의 내용이 변하지 않는 진리이거나 과학적 사실 → 항상 현재시제 • 종속절의 내용이 과거에 발생한 역사적 사실 → 항상 과거시제

예 Columbus proved that the earth is round.

분석 불변의 진리나 과학적 사실은 시제 일치할 필요 없이 항상 현재시제로 쓴다.

예 The scientist reminded us that light travels at tremendous speed.

분석 불변의 진리나 과학적 사실은 시제 일치할 필요 없이 항상 현재시제로 쓴다.

예 Jamie learned from the book that World War I broke out in 1914.

분석 역사적 사실은 시제 일치할 필요 없이 항상 과거시제로 쓴다.

해석
콜럼버스는 지구가 둥글다는 것을 증명했다.

해석
그 과학자는 우리에게 빛이 엄청난 속도로 이동한다는 것을 상기시켰다.

해석
Jamie는 그 책에서 1914년에 제1차 세계대전이 일어났다는 것을 알게 되었다.

출제포인트 **06**

다양한 시제 관련 표현

1 ~하자마자 …했다

1. 정상어순

(1) 주어 + had hardly[scarcely] p.p. + when[before] 주어 + 과거시제 동사

(2) 주어 + had no sooner p.p. + than 주어 + 과거시제 동사

(3) As soon as + 주어 + 과거시제 동사, 주어 + 과거시제 동사

(4) On[Upon] -ing, 주어 + 과거시제 동사

> 예 He had hardly[scarcely] gone out when[before] it started raining.
>
> 분석 '~하자마자 …했다'라는 시제 관용 구문은 '주어 + had hardly[scarcely] p.p. + when[before] 주어 + 과거시제 동사'로 쓴다.
>
> 예 He had no sooner gone out than it started raining.
>
> 분석 '~하자마자 …했다'라는 시제 관용 구문은 '주어 + had no sooner p.p. + than 주어 + 과거시제 동사'로 쓴다.

해석 그가 외출하자마자 비가 오기 시작했다.

2. 도치구문

(1) Hardly[Scarcely] + had 주어 p.p. + when[before] 주어 + 과거시제 동사

(2) No sooner + had 주어 p.p. + than 주어 + 과거시제 동사

> 예 Hardly[Scarcely] had he gone out when[before] it started raining.
>
> 분석 '~하자마자 …했다'라는 시제 관용 구문은 'Hardly[Scarcely] + had 주어 p.p. + when[before] 주어 + 과거시제 동사'로 쓴다.
>
> 예 No sooner had he gone out than it started raining.
>
> 분석 '~하자마자 …했다'라는 시제 관용 구문은 'No sooner + had 주어 p.p. + than 주어 + 과거시제 동사'로 쓴다.

해석 그가 외출하자마자 비가 오기 시작했다.

2 ~하고 나서야 (비로소) …하다

1. 정상어순

(1) 주어 + not 동사 + until 명사

(2) 주어 + not 동사 + until 주어 + 동사

해석
그는 10살이 되어서야 비로소 책을 읽기 시작했다.

예 He didn't start to read until he was ten.
분석 '~하고 나서야 (비로소) …하다'라는 시제 관용 구문은 '주어 + not 동사 + until 주어 + 동사'로 쓴다.

2. 도치구문

(1) Not until 명사 + 조동사 + 주어

(2) Not until 주어 + 동사 + 조동사 + 주어

해석
어제야 비로소 그 사실을 알았다.

예 Not until yesterday did I know the fact.
분석 '~하고 나서야 (비로소) …하다'라는 시제 관용 구문은 'Not until 명사 + 조동사 + 주어'로 쓴다.

3. 강조구문

(1) It be + not until 명사 + that 주어 + 동사

(2) It be + not until 주어 + 동사 that 주어 + 동사

해석
그는 30세가 되어 비로소 그림을 그리기 시작하였다.

예 It was not until he was thirty that he started to paint.
분석 '~하고 나서야 (비로소) …하다'라는 시제 관용 구문은 'It be + not until 주어 + 동사 + that 주어 + 동사'로 쓴다.

3 기타 시제 관련 관용 구문

1. ~한 지 시간이 …지났다

(1) It is 시간 + since 주어 + 과거시제 동사

(2) It has been 시간 + since 주어 + 과거시제 동사

(3) 시간 + have passed + since 주어 + 과거시제 동사

예 It is over one hundred years since slavery was constitutionally abolished.

분석 '~한 지 시간이 …지났다'라는 시제 관용 구문은 'It is 시간 + since 주어 + 과거시제 동사 '로 쓴다.

예 It has been over one hundred years since slavery was constitutionally abolished.

분석 '~한 지 시간이 …지났다'라는 시제 관용 구문은 'It has been 시간 + since 주어 + 과거시제 동사'로 쓴다.

예 One hundred years have passed since slavery was constitutionally abolished.

분석 '~한 지 시간이 …지났다'라는 시제 관용 구문은 '시간 + have passed + since 주어 + 과거시제 동사'로 쓴다.

해석
노예제도가 헌법에 의해 폐지된 지 100년이 넘었다.

2. 머지않아 ~할 것이다

It will not be long + before 주어 + 현재시제 동사

예 It will not be long before my dream comes true.

분석 '머지않아 ~할 것이다'라는 시제 관용 구문은 'It will not be long + before 주어 + 현재시제 동사'로 쓴다.

해석
머지않아 내 꿈이 실현될 것이다.

3. ~하기도 전에 …했다

주어 + had not p.p. + when(before)주어 + 과거시제 동사

예 I had not walked a mile when it began to rain.

분석 '~하기도 전에 …했다'라는 시제 관용 구문은 '주어 + had not p.p. + when[before] 주어 + 과거시제 동사'로 쓴다.

해석
내가 1마일도 걷기 전에 비가 오기 시작했다.

해설 및 해석 ☞ 네이버 카페 '진가영 영어연구소' 에서 확인

LEVEL-UP 연습문제 01 밑줄 친 부분이 어법상 옳으면 O, 옳지 않으면 X하고 올바르게 고치시오.

01 Gravity <u>was</u> a fundamental scientific fact that governs how objects interact.

02 The famous explorer <u>discovered</u> the ancient ruins decades ago.

03 When the storm hit, they <u>had already secure</u> all the windows and doors.

04 As she walks to work every morning, she <u>enjoys</u> the quiet streets.

05 If she studies hard, she <u>passed</u> the exam with flying colors.

06 They <u>have lived</u> in their current house since they got married.

07 They <u>were possessing</u> valuable knowledge about the project.

08 Hardly had she finished her presentation when the power <u>goes out</u>.

09 <u>It was</u> two months since we moved into our new house.

10 It will not be long <u>before</u> they announce the winners of the competition.

LEVEL-UP 연습문제01 정답

01 ☒ is	02 ○
03 ○	04 ○
05 ☒ will pass	06 ○
07 ☒ possessed	08 ☒ went out
09 ☒ It is/ It has been	10 ○

해설 및 해석 ☞ 네이버 카페 '진가영 영어연구소' 에서 확인

LEVEL-UP 연습문제 02 밑줄 친 부분에 들어갈 말로 가장 적절한 것은?

01 By the end of the next year, the construction team ___________ the new shopping center and opened it to the public.

① have been built ② had built
③ will have build ④ will have built

02 She ___________________ French for several years to achieve her goal.

① have been studying ② was been studying
③ has been studying ④ has be studying

03 The team will be preparing the presentation __________________ for the meeting tomorrow morning.

① when the clients arrive ② when the clients arrived
③ the clients arrive ④ the client arriving

04 So many movies in the horror genre _____________ each other in their use of jump scares and suspenseful music.

① to resemble ② resemble
③ resembling ④ are resembling

05 They ______________________________ they spotted a rare species of bird they had been hoping to see.

① have scarcely entered the park when ② had no sooner entered the park when
③ scarcely had entered the park than ④ had scarcely entered the park when

LEVEL-UP 연습문제02 정답

01 ④ 02 ③ 03 ① 04 ② 05 ④

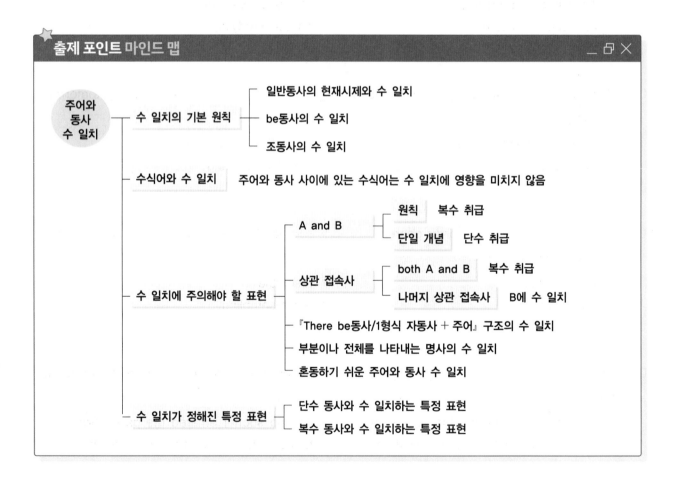

CHAPTER

05 주어와 동사 수 일치

신경향 학습 전략

- 2025년 출제 기조 전환에 따라 공무원 영어 시험에 토익과 텝스 그리고 수능 시험이 반영될 예정이므로 이러한 시험들에서 지속적으로 출제되고 있는 **주어와 동사 수 일치 문제에 관한 출제포인트**를 학습한다.
- 공무원 시험에서 기존에 중요하게 다뤄지고 있었던 **현재 동사와 be동사**의 주어와 동사 수 일치에 대해 학습한다.
- 주로 복잡한 문장에서 **구조 분석을 통해 주어와 동사를 제대로 찾아 올바르게 수 일치**할 수 있는지를 확인하는 방식으로 시험에 출제될 가능성이 높으므로 이를 학습한다.

출제 포인트 마인드 맵

주어와 동사 수 일치
- 수 일치의 기본 원칙
  - 일반동사의 현재시제와 수 일치
  - be동사의 수 일치
  - 조동사의 수 일치
- 수식어와 수 일치 — 주어와 동사 사이에 있는 수식어는 수 일치에 영향을 미치지 않음
- 수 일치에 주의해야 할 표현
  - A and B
    - 원칙 — 복수 취급
    - 단일 개념 — 단수 취급
  - 상관 접속사
    - both A and B — 복수 취급
    - 나머지 상관 접속사 — B에 수 일치
  - 『There be동사/1형식 자동사 + 주어』 구조의 수 일치
  - 부분이나 전체를 나타내는 명사의 수 일치
  - 혼동하기 쉬운 주어와 동사 수 일치
- 수 일치가 정해진 특정 표현
  - 단수 동사와 수 일치하는 특정 표현
  - 복수 동사와 수 일치하는 특정 표현

2025 출제 예상 문제

Q 다음 밑줄 친 부분 중 어법상 옳지 않은 것은?

The upcoming international conference on climate change policies is crucial for our organization. Either the head of the department or one of the senior officials ① <u>are required</u> to attend to represent our interests. Their participation will help us ② <u>stay informed</u> about the latest developments and ensure our policies align with international standards. This engagement will also allow us ③ <u>to form</u> important alliances with other organizations committed ④ <u>to combating</u> climate change.

해석

다가오는 기후 변화 정책에 관한 국제 회의는 우리 조직에 매우 중요하다. 부서장이나 고위 관리 중 한 명이 우리의 이익을 대표하기 위해 참석해야 한다. 그들의 참여는 최신 발전 상황을 파악하고 우리의 정책이 국제 기준에 부합하도록 하는 데 도움이 될 것이다. 또한, 이 참여를 통해 기후 변화와 싸우는 데 전념하는 다른 조직들과 중요한 동맹을 형성할 수 있을 것이다.

자가진단

01 일반동사의 현재시제는 ❶ ________에 주의한다.

02 조동사는 주어와 동사 수 일치에 영향을 ❷ ______________.

03 주어와 동사 사이에 있는 ❸ ______는 주어와 동사 수 일치에 영향을 미치지 않는다.

04 A and B는 원칙적으로 ❹ _______와 수 일치 하고 A and B가 단일 개념을 의미할 때는 ❺ ________와 수 일치 한다.

05 상관 접속사는 both A and B는 ❻ _______와 수 일치하고 그 외 나머지 상관 접속사는 ❼ ________에 수 일치 한다.

06 『❽ ________ be동사/1형식 자동사 + 주어』 구조는 뒤에 나온 주어와 수 일치 한다.

07 부분이나 전체를 나타내는 명사가 나오면 ❾ ___________를 확인해서 동사와 수 일치한다.

08 『the number of 복수 명사』는 ❿ __________와 수 일치 한다.

09 『a number of 복수 명사』는 ⓫ __________와 수 일치 한다.

10 명사구와 명사절 그리고 학문명과 병명은 ⓬ __________와 수 일치 한다.

11 every, each, either, neither는 ⓭ __________와 수 일치 한다.

12. the 형용사가 '~(인)한 사람들'이라는 의미로 해석될 때 ⓮ ______와 수 일치 한다.

2025 출제 예상 문제 정답 및 해설

정답 ①

해설 주어 자리에 both A and B를 제외한 나머지 상관 접속사는 B에 수 일치 하므로 are을 is로 고쳐야 한다.

자가진단 정답

❶ 수 일치 ❷ 받지 않는다 ❸ 수식어 ❹ 복수 동사
❺ 단수 동사 ❻ 복수 동사 ❼ B ❽ There
❾ of 뒤에 명사 ❿ 단수 동사 ⓫ 복수 동사 ⓬ 단수 동사
⓭ 단수 동사 ⓮ 복수 동사

출제포인트 **01**

수 일치의 기본 원칙

1 주어와 동사 수 일치

1. 일반동사의 현재시제와 수 일치

(1) 3인칭 단수 주어 + 동사원형(e)s

(2) 3인칭 단수 주어가 아닌 경우 + 동사원형

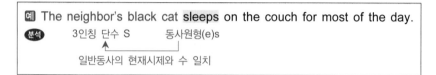

해석
이웃집의 검정색 고양이는 하루의 대부분을 소파에서 잠을 잔다.

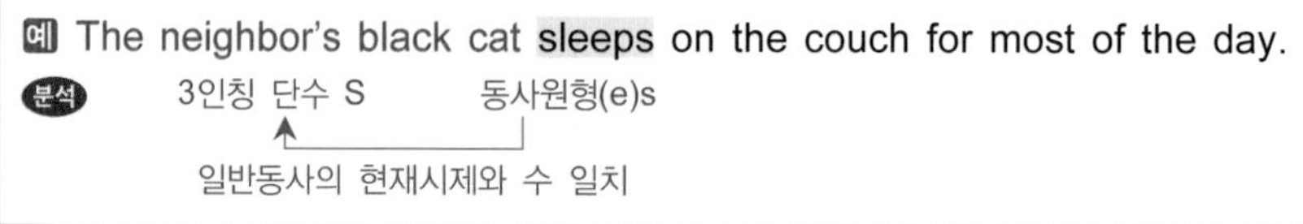
예 The neighbor's black cat sleeps on the couch for most of the day.
분석 3인칭 단수 S — 동사원형(e)s
일반동사의 현재시제와 수 일치

2. be동사의 수 일치

(1) 1인칭 단수 주어(I) + am/was

(2) 1인칭 복수 주어(we) + are/were

(3) 2인칭 단수 주어(you) / 2인칭 복수 주어(you) + are/were

(4) 3인칭 단수 주어(he, she …) + is/was

(5) 3인칭 복수 주어(they …) + are/were

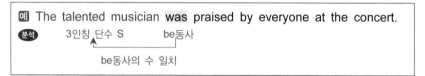

해석
그 재능있는 음악가는 콘서트에서 모든 사람들에게 칭찬을 받았다.

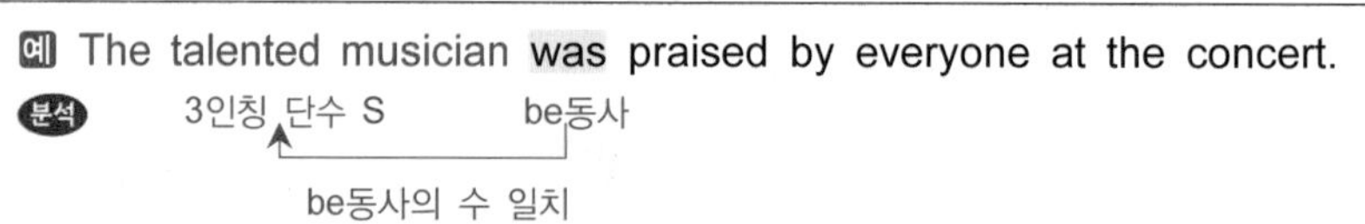
예 The talented musician was praised by everyone at the concert.
분석 3인칭 단수 S — be동사
be동사의 수 일치

3. 조동사의 수 일치

조동사는 주어와 동사 수 일치에 영향을 받지 않는다.

해석
나의 가장 친한 친구는 3개의 다른 언어를 유창하게 구사할 수 있다.

예 My best friend can speak three different languages fluently.
분석 S — 조동사
조동사의 수 일치

2 수식어와 수 일치

주어와 동사 사이에 있는 수식어는 주어와 동사 수 일치에 영향을 미치지 않는다.

주어	(전치사 + 명사)	현재시제 동사 be동사
	(동격)	
	(to부정사)	
	(분사)	
	(관계사절)	
	(주어 + 동사 ∅)	

수 일치

예 Moisture on its surface encourages the growth of mold.

분석 [전명구 : on its surface] 주어-동사 수 일치에 영향을 미치지 않는다.

예 Estimates of illegal immigrants range from two million to ten million.

분석 [전명구 : of illegal immigrants] 주어-동사 수 일치에 영향을 미치지 않는다.

예 Tom, one of my best friends, was born in April 4th, 1985.

분석 [동격 명사 : one of my best friends] 주어-동사 수 일치에 영향을 미치지 않는다.

예 Another way to speed up the process is to make the shift to a new system.

분석 [to부정사 : to speed up the process] 주어-동사 수 일치에 영향을 미치지 않는다.

예 The dancer that I told you about is coming to town.

분석 [관계사절 : that I told you about] 주어-동사 수 일치에 영향을 미치지 않는다.

해석
표면의 습기는 곰팡이의 성장을 촉진한다.

해석
불법 이민자 수가 이백만 명에서 천만 명에 이를 것이라고 추산되고 있다.

해석
나의 가장 친한 친구 중 한 명인 Tom은 1985년 4월 4일에 태어났다.

해석
그 과정의 속도를 올리는 또 다른 방법은 새로운 시스템으로 전환하는 것이다.

해석
내가 당신에게 말했던 그 무용수가 시내에 오는 중이다.

출제포인트 **02**

수 일치에 주의해야 할 표현

1 A and B

1. 원칙

(1) A and B는 복수 취급한다.

> 예 Mary and her friend have been to the city.
> (Mary and her friend: A and B / have: 복수 동사)

해석 Mary와 그녀의 친구는 그 도시에 가본 적이 있다.

2. 예외

(1) 단일 개념을 의미하는 A and B는 단수 취급한다.

trial and error	시행착오	+ 단수 동사
slow and steady	느리지만 꾸준히 하는 것	
all work and no play	일만 하고 놀지 않는 것	
early to bed and early to rise	일찍 자고 일찍 일어나는 것	
bread and butter	버터 바른 빵	
a needle and thread	실을 꿴 바늘	

> 예 To profess and to practice are very different things.
> 분석 A and B는 원칙적으로 복수 동사와 수 일치한다.
>
> 예 Trial and error is a fundamental method of problem solving.
> 분석 A and B가 단일 개념을 의미하는 경우 단수 동사와 수 일치한다.
>
> 예 Slow and steady wins the race.
> 분석 A and B가 단일 개념을 의미하는 경우 단수 동사와 수 일치한다.
>
> 예 All work and no play is not a balanced or fulfilling way to live.
> 분석 A and B가 단일 개념을 의미하는 경우 단수 동사와 수 일치한다.

해석 공언하는 것과 실천하는 것은 매우 다르다.

해석 시행착오는 문제해결의 근본적인 방법이다.

해석 느리지만 꾸준히 하면 경주에서 이긴다.

해석 일만 하고 놀지 않는 것은 균형 잡힌 혹은 충족된 삶의 방식이 아니다.

2 상관 접속사

상관 접속사	수 일치
either A or Ⓑ A와 B 둘 중 하나	동사는 Ⓑ와 수 일치
neither A nor Ⓑ A와 B 둘 다 아닌	
not only A but (also) Ⓑ A뿐만 아니라 B도	
not A but Ⓑ A가 아니라 B	
both A and B A와 B 둘 다	복수 동사와 수 일치

찐팁

- not only A but (also) Ⓑ
  = Ⓑ as well as A
  only는 merely와 just로 대신할 수 있다.
- not A but Ⓑ
  = Ⓑ, not A

not only A but (also) Ⓑ
A뿐만 아니라 B도

예 Early to bed and early to rise is a lifestyle that fosters success.
분석 A and B가 단일 개념을 의미하는 경우 단수 동사와 수 일치한다.

해석 일찍 자고 일찍 일어나는 것은 성공을 촉진하는 생활 방식이다.

예 Neither he nor I am responsible for the accident.
분석 등위접속사 neither A nor B에서 B와 수 일치한다.

해석 그도 나도 그 사고에 책임이 없다.

예 Either you or she is to go.
분석 등위접속사 either A or B에서 B와 수 일치한다.

해석 당신이나 그녀 중 한 사람은 가야한다.

예 Both his mother and his father are there.
분석 both A and B는 항상 복수 동사와 수 일치한다.

해석 그의 어머니와 아버지가 모두 거기에 계신다.

3 「There be동사/1형식 자동사 + 주어」 구조

「There be동사/1형식 자동사 + 주어」 구조는 be동사와 뒤에 나오는 주어와 수 일치한다.

예 There is nothing to prevent us from going there.
(is ↔ nothing: 수 일치)

해석 우리가 거기에 가는 것을 막는 것은 아무것도 없다.

예 There is a black dog over there.
분석 'There be동사 + 주어' 구조는 be동사와 뒤에 나오는 주어와 수 일치한다.

해석 저기에 검은 개 한 마리가 있다.

예 There are many teenagers who are not literate.
분석 'There be동사 + 주어' 구조는 be동사와 뒤에 나오는 주어와 수 일치한다.

해석 아직도 읽고 쓸 줄 모르는 청소년들이 많다.

4 부분/전체를 나타내는 명사

부분이나 전체를 나타내는 명사가 나오면 of 뒤에 명사를 확인해서 동사와 수 일치한다.

[most, majority, minority, some, part, portion, rest, 분수, percent] + of + 명사 + 동사 (명사 ↔ 동사: 수 일치)

예 One-third of American workers are considering a career change.
분석 부분을 나타내는 명사는 of 뒤의 명사에 수 일치한다.

해석 미국 노동자의 삼분의 일이 직업 변경을 고려하는 중이다.

예 Most of the suggestions made at the meeting were not very practical.
분석 부분을 나타내는 명사는 of 뒤에 나오는 명사에 수 일치한다.

해석 회의에서 나온 대부분의 제안은 그다지 실용적이지 않았다.

예 All of the information was false.
분석 전체를 나타내는 표현은 of 뒤에 나오는 명사에 수 일치 한다.

해석 모든 정보가 거짓이었다.

5 혼동하기 쉬운 주어와 동사 수 일치

주어		동사	해석
the number of	복수 명사	단수 동사	명사의 수
a number of	복수 명사	복수 동사	많은 명사
many a	단수 명사	단수 동사	많은 명사
many	복수 명사	복수 동사	많은 명사
statistics		복수 동사	통계자료 / 통계
statistics		단수 동사	통계학
team, committee, audience, family		의미에 따라 단수 동사 또는 복수 동사와 수 일치	

예 The number of fires that occur in the city is growing every year.
분석 「the number of 복수명사」 구조는 단수 동사와 수 일치한다.

해석 도시에서 발생하는 화재의 수가 매년 증가하고 있다.

예 A number of Koreans were forced into labor under harsh conditions.
분석 「a number of 복수명사」 구조는 복수 동사와 수 일치한다.

해석 많은 한국인이 가혹한 환경 속에서 노동하도록 강요받았다.

출제포인트 03 수 일치가 정해진 특정 표현

1 단수 동사와 수 일치하는 특정 표현

1. 명사구와 명사절

명사구	동명사구, 부정사구, 의문사구
명사절	that절, what절, whether절, 의문사절, 복합관계대명사절

예 To build a powerful network doesn't require you to be an expert at networking.
분석 명사구는 단수 취급한다.

해석 강력한 네트워크를 만드는 것은 당신에게 네트워크를 형성하는 것에 전문가가 되기를 요구하지 않는다.

예 Burning fossil fuels is one of the leading causes of climate change.
분석 명사구는 단수 취급한다.

해석 화석연료를 태우는 것은 기후 변화의 주요 원인 중에 하나이다.

예 Where to go has not been decided yet.
분석 명사구는 단수 취급한다.

해석 어디로 갈지는 아직 정해지지 않았다.

예 What happened to my lovely grandson last summer was amazing.
분석 명사절은 단수 취급한다.

해석 지난 여름 나의 사랑스러운 손자에게 일어난 일은 놀라웠다.

예 Whether it is a good plan or not is a matter for argument.
분석 명사절은 단수 취급한다.

해석 그것이 좋은 계획인지 아닌지는 토의할 여지가 있는 문제다.

2. 학문명과 병명

학문명	linguistics	언어학	mathematics	수학	politics	정치학
	physics	물리학	economics	경제학	logics	논리학
병명	measles	홍역	diabetes	당뇨병	rabies	광견병

예 Politics infuses all aspects of our lives.
분석 학문명은 단수 취급한다.

해석 정치는 우리 생활의 모든 측면에 영향을 미친다.

예 Diabetes is closely linked to obesity.
분석 병명은 단수 취급한다.

해석 당뇨병은 비만과 밀접한 관련이 있다.

3. 기타

(1) every + 단수 명사, each + 단수 명사, either + 단수 명사

(2) one of 복수 명사, each of 복수 명사

(3) 거리, 금액, 무게, 시간이 하나로 취급될 경우

예 Either singer has a rich voice with great range.
분석 either 단수 명사는 단수 동사와 수 일치한다.

해석 둘 중 어느 한 쪽의 가수는 음역대가 매우 풍부하다.

예 Each of these animals has special cells.
분석 each of 복수 명사는 단수 동사와 수 일치한다.

해석 이 동물들 각각은 특별한 세포를 가지고 있다.

예 Each animal has special cells.
분석 each 단수 명사는 단수 동사와 수 일치한다.

해석 각각의 동물은 특별한 세포를 가지고 있다.

예 One of the exciting games I saw was the World Cup final in 2010.
분석 one of 복수 명사는 단수 동사와 수 일치한다.

해석 내가 본 가장 재미있는 게임 중 하나는 2010년 월드컵 결승이다.

예 Ten dollars is a great deal of money to a child.
분석 거리, 금액, 무게, 시간은 단수 취급한다.

해석 10달러는 아이에게 큰 돈이다.

2 복수 동사와 수 일치하는 특정 표현

1. the 형용사

(1) the 형용사가 '~(인)한 사람들'이라는 의미로 해석될 때 복수 취급하고 복수 동사와 수 일치한다.

the rich	the poor	the old	the young
부자인 사람들	가난한 사람들	노인들	젊은 사람들
the brave	the wise	the injured	the unemployed
용감한 사람들	현명한 사람들	부상자들	실업자들
the homeless	the disabled	the disadvantaged	
노숙자들	장애인들	불우한 사람들	

(2) 단, the 형용사 '~(인)한 것'이라는 의미로 해석될 때 단수 취급하고 단수 동사와 수 일치하므로 주의한다.

the impossible	불가능한 것
the unknown	미지의 것
the true	진
the good	선
the beautiful	미

2. 기타

(1) 대칭형 복수 명사는 항상 복수형으로 쓰고 복수 취급한다.

glasses	안경	shoes	신발	scissors	가위	socks	양말
gloves	장갑	pants	바지	stockings	스타킹	slacks	바지

(2) the police 경찰, (복수의) 경찰관을 의미하므로 복수 취급한다.

예 The police are very unwilling to interfere in family problems.
분석 the police는 경찰, 경찰관(집단)을 의미하는 표현으로 복수 취급한다.

예 The homeless usually have great difficulty getting a job.
분석 the 형용사는 '~(인)한 사람들'이라는 뜻으로 쓰일 경우 복수 취급한다.

해석
경찰은 집안 문제에 대해서 개입하는 것을 무척 꺼린다.

해석
노숙자들은 보통 직장을 구하는 데 큰 어려움이 있다.

PART 02

해설 및 해석 ☞ 네이버 카페 '진가영 영어연구소' 에서 확인

LEVEL-UP 연습문제 01 밑줄 친 부분이 어법상 옳으면 O, 옳지 않으면 X하고 올바르게 고치시오.

01 The project that we've been working on for months <u>are</u> finally nearing completion.

02 Neither the students nor the teacher <u>know</u> the answer to the mysterious question.

03 Whether she agrees with the decision or not <u>doesn't</u> affect the final outcome.

04 <u>There have been</u> several complaints about the new policy.

05 The majority <u>of student prefer</u> studying in quiet environments.

06 The number of employees attending the seminar <u>were</u> higher than anticipated.

07 <u>A number</u> of factors contribute to the success of a small business.

08 <u>Many a</u> parent worries about their child's safety at school.

09 Economics <u>shape</u> government policies and regulations.

10 The poor often <u>struggles</u> to access basic healthcare services.

LEVEL-UP 연습문제01 정답

01 ☒ is
02 ☒ knows
03 ○
04 ○
05 ☒ of students prefer
06 ☒ was
07 ○
08 ○
09 ☒ shapes
10 ☒ struggle

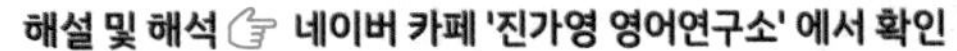
해설 및 해석 네이버 카페 '진가영 영어연구소' 에서 확인

LEVEL-UP 연습문제 02 밑줄 친 부분에 들어갈 말로 가장 적절한 것은?

01 A key approach ______________ to invest in renewable energy sources.

① sustainability goals is
② to achieve sustainability goals are
③ to achieving sustainability goals is
④ achieves sustainability goals are

02 There ______________ to improve efficiency in the production process.

① a number of way are
② are the number of ways
③ is a number of ways
④ are a number of ways

03 A few of the students ______________ their assignments ahead of schedule.

① has already completed
② is already completing
③ already completes
④ have already completed

04 ______________ to visit in this country, from stunning beaches to majestic mountains.

① There are many beauty place
② Are many beautiful places
③ There are many beautiful places
④ Are many beauty place

05 The poor ______________ by recent economic policies and inflation.

① has been disproportionately affected
② has been disproportionate affected
③ have been disproportionately affected
④ was been disproportionately affecting

LEVEL-UP 연습문제02 정답

01 ③ 02 ④ 03 ④ 04 ③ 05 ③

CHAPTER

06 수동태

신경향 학습 전략

- 2025년 출제 기조 전환에 따라 공무원 영어 시험에 토익과 텝스 그리고 수능 시험이 반영될 예정이므로 이러한 시험들에서 지속적으로 출제되고 있는 수동태 문제에 관한 출제포인트를 학습한다.
- 공무원 시험에서 기존에 중요하게 다뤄지고 있었던 수동태가 불가능한 동사들과 다양한 동사들의 올바른 수동태 구조의 형태를 학습한다.
- 문장의 주어로 행동하는 주체가 아닌 행동을 당하는 목적어가 쓰일 때 동사의 형태는 be p.p.가 되고 이를 수동태라고 하며 주어가 동작을 당한다는 의미로 해석된다. 이러한 수동태의 기본 개념을 토대로 시험에서 자주 출제되는 수동태에 관한 핵심 이론을 학습한다.

출제 포인트 마인드 맵

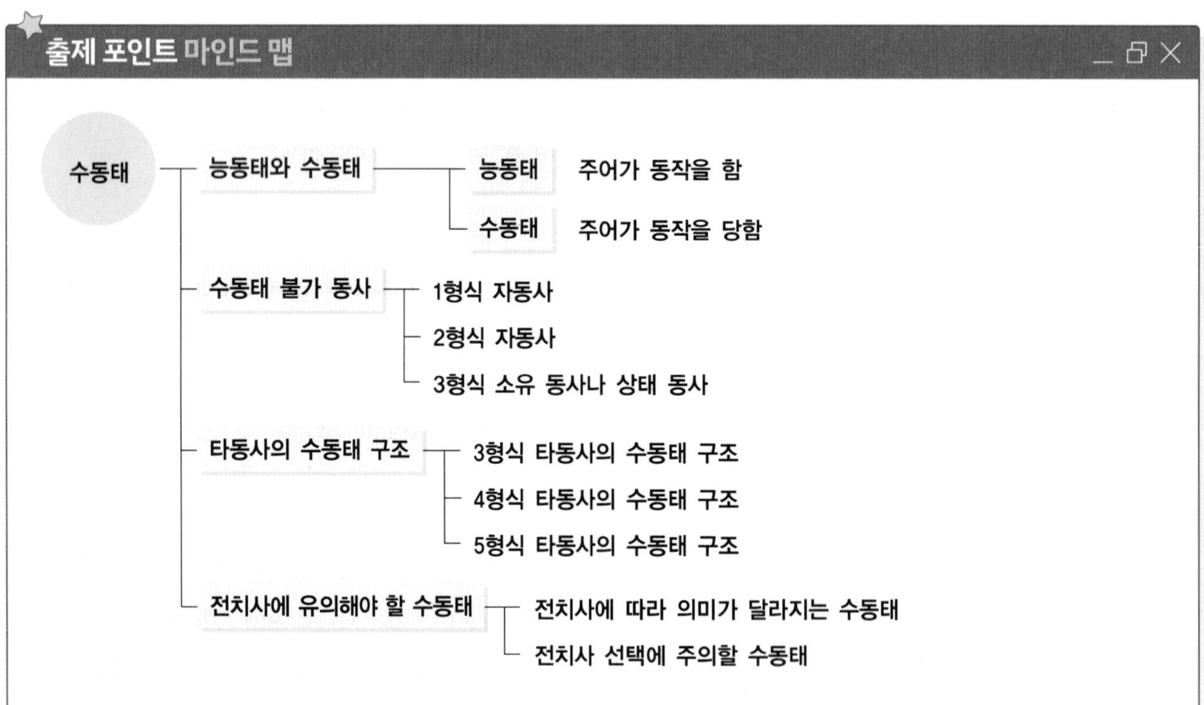

2025 출제 예상 문제

Q 다음 밑줄 친 부분 중 어법상 옳지 않은 것은?

> Those who meet their sales targets for the month will ____________ the opportunity to attend an exclusive industry conference.

① be given to ② give to
③ be given ④ giving

해석
월간 매출 목표를 달성한 직원들에게는 독점 산업 회의에 참석할 기회가 제공될 것이다.

PART 02

자가진단

01 수동태 문장의 3가지 요소는 『주어 + be(수 일치 및 시제 표시) + ❶ __________』이다.

02 ❷ ______자동사, ❸ ______자동사, 3형식 ❹ _____ 동사나 ❺ _____ 동사는 수동태 구조로 쓸 수 없다.

03 3형식 수동태 구조 중에는 ❻ ____________를 수반하는 구조가 있으므로 주의한다.

04 that절을 목적어로 취하는 3형식 타동사의 수동태 구조는 ❼ ______________로 쓴다.

05 4형식 타동사의 수동태 구조에서는 ❽ __________가 be p.p.뒤에 남아 있을 수 있다.

06 5형식 타동사의 수동태 구조에서는 ❾ ____________가 be p.p.뒤에 남아 있다.

07 대표 5형식 타동사의 수동태 구조에서는 ❿ _________가 be p.p.뒤에 남아 있을 수 있다.

08 5형식 타동사 중 간주 동사의 수동태 구조에서는 ⓫ ____________________가 be p.p.뒤에 남아 있다.

09 5형식 사역동사의 수동태 구조에서는 목적격 보어 자리에 원형부정사 대신 ⓬ __________가 be p.p.뒤에 쓰인다.

10 5형식 지각동사의 수동태 구조에서는 목적격 보어 자리에 원형부정사 대신 ⓭ __________가 be p.p.뒤에 쓰인다.

11 call이 5형식으로 쓰일 때 수동태 구조에서는 목적격 보어 자리에 ⓮ ________가 be p.p.뒤에 남아 있다.

12 name이 5형식으로 쓰일 때 수동태 구조에서는 목적격 보어 자리에 ⓯ ________가 be p.p.뒤에 남아 있다.

2025 출제 예상 문제 정답 및 해설

정답 ③

해설 4형식 수여동사 give의 수동태 구조는 「간접목적어 + be given + 직접목적어」

자가진단 정답

❶ 과거분사[p.p.]	❷ 1형식	❸ 2형식	❹ 소유
❺ 상태	❻ 전치사	❼ It be p.p. that절	❽ 직접목적어
❾ 목적격 보어	❿ to부정사	⓫ as 명사 또는 as 형용사	
⓬ to부정사	⓭ to부정사	⓮ 명사	⓯ 명사

출제포인트 01

능동태와 수동태

1 태(voice)

주어가 행위를 가하는 주체인지 아니면 주어가 그 동작의 영향을 받거나 당하는 대상인지의 관계를 동사에 나타낸 것을 태(voice)라고 한다.

2 능동태

주어가 동사의 행위를 직접 행한다는 의미를 나타내는 문장을 능동태 문장이라고 하며 동사의 형태가 'be p.p.'를 포함하지 않고 있는 경우를 의미하고 모든 동사들은 능동태 문장으로 쓸 수 있다.

3 수동태

1. 개념

주어가 그 동작의 영향을 받거나 당한다는 의미를 나타내는 문장을 수동태 문장이라고 하며 동사의 형태가 'be p.p.'를 포함하고 있는 경우를 의미한다.

2. 특징

(1) 수동태 문장의 3가지 요소는 「주어 + be(수 일치 및 시제 표시) + 과거분사[p.p.]」이다.

(2) 목적어를 수반할 수 있는 타동사는 수동태 문장으로 쓸 수 있다.

4 능동태 문장의 수동태 문장 전환

능동태 문장	His students **submitted** the assignments. S V O
수동태 문장	The assignments **were submitted** [by his students.] O가 S자리 be p.p. [by S[목적격]]

예 The man prepared the meal.

분석 타동사 뒤에 목적어를 수반하고 있고 주어가 동작을 행한다는 의미를 전달하고 있으므로 능동태 문장이 올바르게 쓰였다.

해석 그 남자가 저녁을 준비했다.

예 The meal was prepared by the man.

분석 타동사 뒤에 목적어가 없고 주어가 행동을 당한다는 의미를 전달하고 있으므로 수동태 구조인 be p.p. 형태가 올바르게 쓰였다.

해석 식사는 그 남자에 의해 준비되었다.

예 I will finish it if you come home.

분석 타동사 뒤에 목적어를 수반하고 있고 주어가 동작을 행한다는 의미를 전달하고 있으므로 능동태 문장이 올바르게 쓰였다.

해석 당신이 집에 오면 나는 그것을 끝낼 것이다.

예 In Korea, a presidential election is held every five years.

분석 타동사 뒤에 목적어가 없고 주어가 행동을 당한다는 의미를 전달하고 있으므로 수동태 구조인 be p.p. 형태가 올바르게 쓰였다.

해석 한국에서 대통령 선거는 5년마다 개최된다.

예 The freedom is accompanied by responsibility.

분석 타동사 뒤에 목적어가 없고 주어가 행동을 당한다는 의미를 전달하고 있으므로 수동태 구조인 be p.p. 형태가 올바르게 쓰였다.

해석 자유에는 책임이 따른다.

예 A week's holiday has been promised to all the office workers.

분석 타동사 뒤에 목적어가 없고 주어가 행동을 당한다는 의미를 전달하고 있으므로 수동태 구조인 be p.p. 형태가 올바르게 쓰였다.

해석 모든 직장인들에게 일주일간의 휴가가 약속되었다.

예 Several problems have been raised due to the new members.

분석 타동사 뒤에 목적어가 없고 주어가 행동을 당한다는 의미를 전달하고 있으므로 수동태 구조인 be p.p. 형태가 올바르게 쓰였다.

해석 새 멤버들로 인해 몇 가지 문제가 제기되었다.

예 The Aswan High Dam has protected Egypt from the famines of its neighboring countries.

분석 타동사 뒤에 목적어를 수반하고 있고 주어가 동작을 행한다는 의미를 전달하고 있으므로 능동태 문장이 올바르게 쓰였다.

해석 Aswan High Dam은 이집트를 주변국들의 기근으로부터 보호해왔다.

출제포인트 02

수동태 불가 동사

1 1형식 자동사

1형식 자동사는 능동의 의미만 존재하므로 수동태 구조로 쓰이지 않는다.

	능동태	수동태	능동태	수동태
1형식 자동사	occur 일어나다	be occurred (×)	sit 앉다	be sat (×)
	happen 일어나다	be happened (×)	die 죽다	be died (×)
	take place 일어나다	be taken place (×)	exist 존재하다	be existed (×)
	appear 나타나다	be appeared (×)	fall 떨어지다	be fallen (×)
	disappear 사라지다	be disappeared (×)	emerge 나타나다	be emerged (×)
	rise 일어나다	be risen (×)	lie 눕다, 놓여있다	be lain (×)
	arise 생기다	be arisen (×)	lie 거짓말하다	be lied (×)

예 The expression appeared in the mid-19th century.
분석 1형식 자동사는 능동의 의미만 존재하므로 수동태 구조는 불가능하다.

해석 그 표현은 19세기 중반에 등장했다.

예 The immediate security threat has disappeared.
분석 1형식 자동사는 능동의 의미만 존재하므로 수동태 구조는 불가능하다.

해석 즉각적인 보안 위협은 사라졌다.

예 Some of these differences arise from the different disciplines.
분석 1형식 자동사는 능동의 의미만 존재하므로 수동태 구조는 불가능하다.

해석 이러한 차이점 중 일부는 다른 분야로부터 발생한다.

예 The membership of the club has fallen.
분석 1형식 자동사는 능동의 의미만 존재하므로 수동태 구조는 불가능하다.

해석 그 클럽의 회원이 줄었다.

예 The path lies along a stream through the woods.
분석 1형식 자동사는 능동의 의미만 존재하므로 수동태 구조는 불가능하다.

해석 길은 시내를 따라 숲을 통과하여 뻗어 있다.

2 2형식 자동사

2형식 자동사는 능동의 의미만 존재하므로 수동태 구조로 쓰이지 않는다.

	능동태	수동태	능동태	수동태
2형식 자동사	look 형용사 ~처럼 보인다	be looked 형용사 (×)	seem ~인 것 같다	be seemed (×)
	taste 형용사 ~한 맛이 나다	be tasted 형용사 (×)	remain 남다, 남아 있다	be remained (×)

예 The traffic lights turned green.
분석 2형식 자동사는 능동의 의미만 존재하므로 수동태 구조는 불가능하다.

예 The drug treatments have turned out to benefit Alzheimer's patients.
분석 2형식 자동사는 능동의 의미만 존재하므로 수동태 구조는 불가능하다.

해석
신호등이 녹색으로 바뀌었다.

해석
그 약물 치료법은 알츠하이머 환자들에게 도움이 되는 것으로 밝혀졌다.

3 수동태 불가 동사

소유 동사나 상태 동사들은 타동사이지만 동작의 의미가 약하기 때문에 수동태 구조로 쓰지 않는다.

	능동태	수동태	능동태	수동태
특정 3형식 타동사	resemble 닮다	be resembled (×)	consist of 구성되다	be consisted of (×)
	have 가지다	be had (×)	result in 야기하다	be resulted in (×)
	lack 부족하다	be lacked (×)	result from ~이 원인이다	be resulted from (×)
	belong to ~에 속하다	be belonged to (×)	suffer from ~로 고통받다	be suffered from (×)

예 The whole family suffered from the flu.
분석 소유 동사나 상태 동사들은 타동사이지만 동작의 의미가 약하기 때문에 수동태 구조로 쓰지 않는다.

예 Deforestation has resulted in the loss of as much as eighty percent of the natural forests.
분석 소유 동사나 상태 동사들은 타동사이지만 동작의 의미가 약하기 때문에 수동태 구조로 쓰지 않는다.

해석
가족 모두가 독감으로 고통받았다.

해석
삼림 벌채는 자연 숲의 80퍼센트 만큼이나 많은 부분의 손실을 초래했다.

출제포인트 03

타동사의 수동태 구조

1 3형식 타동사의 수동태 구조

1. 기본 구조

능동태	They delivered the box yesterday. S V O
수동태	The box was delivered [by them] yesterday. O가 S자리 be p.p. [by S(목적격)]

2. 전치사를 수반하는 구조

능동태	수동태	능동태	수동태
run over ~을 치다	be run over ∅	deal with ~을 다루다	be dealt with ∅
laugh at ~을 비웃다	be laughed at ∅	dispose of ~을 처리하다	be disposed of ∅
look after 돌보다	be looked after ∅	refer to 언급[지칭]하다	be referred to ∅
speak to 이야기를 걸다	be spoken to ∅	take advantage of ~을 이용하다	be taken advantage of ∅
depend on ~에 의존하다	be depended on ∅	make use of ~을 이용하다	be made use of ∅
rely on ~에 의존하다	be relied on ∅	speak well[ill] of 남을 좋게[나쁘게] 말하다	be spoken well(ill) of ∅

예 Do you realize that you were almost run over by a car?

분석 전치사를 수반하는 수동태 구조로 were run over가 올바르게 쓰였다.

예 The arrangements were agreed on at the meeting last year.

분석 전치사를 수반하는 수동태 구조로 were agreed on이 올바르게 쓰였다.

예 Radioactive waste must be disposed of safely.

분석 전치사를 수반하는 수동태 구조로 be disposed of가 올바르게 쓰였다.

해석
당신이 하마터면 차에 치일 뻔한 것을 알고 있나요?

해석
그 협정들은 작년 회의에서 합의된 것이다.

해석
방사성 폐기물은 안전하게 처분되어야 한다.

3. that절을 수반한 구조

능동태	수동태
주어 + believe + that절	It(가주어) be believed that절(진주어)
주어 + say + that절	It(가주어) be said that절(진주어)
주어 + know + that절	It(가주어) be known that절(진주어)
주어 + think + that절	It(가주어) be thought that절(진주어)

예 It was believed that the cat brought good luck.
분석 that절을 수반하는 수동태 구조가 올바르게 쓰였다.

해석
그 고양이가 행운을 가져온다고 믿어졌다.

2 4형식 타동사의 수동태 구조

능동태	수동태
give + 간접목적어 + 직접목적어	간접목적어 + be given + 직접목적어
	직접목적어 + be given + to 간접목적어
tell + 간접목적어 + 직접목적어	간접목적어 + be told + 직접목적어
	직접목적어 + be told + to 간접목적어
teach + 간접목적어 + 직접목적어	간접목적어 + be taught + 직접목적어
	직접목적어 + be taught + to 간접목적어
show + 간접목적어 + 직접목적어	간접목적어 + be shown + 직접목적어
	직접목적어 + be shown + to 간접목적어
offer + 간접목적어 + 직접목적어	간접목적어 + be offered + 직접목적어
	직접목적어 + be offered + to 간접목적어
award + 간접목적어 + 직접목적어	간접목적어 + be awarded + 직접목적어
	직접목적어 + be awarded + to 간접목적어
send + 간접목적어 + 직접목적어	간접목적어 + be sent + 직접목적어
	직접목적어 + be sent + to 간접목적어
make + 간접목적어 + 직접목적어	직접목적어 + be made + for 간접목적어
buy + 간접목적어 + 직접목적어	직접목적어 + be bought + for 간접목적어

해석
그 회사는 나의 학생들에게 상을 주었다.

해석
나의 딸은 그 회사로부터 상을 받았다.

해석
상이 나의 딸에게 회사에 의해 주어졌다.

해석
그 나이 든 남자에 의해 그 집은 가난한 사람들을 위해 구입되었다.

해석
그녀의 딸에 의해 감자튀김이 나를 위해 만들어졌다.

예 The company gave my students a prize.
분석 4형식 타동사가 간접목적어와 직접목적어와 함께 쓰일 때는 능동태 구조로 쓴다.

예 My daughter was given a prize by the company.
분석 4형식 타동사가 수동태가 될 때 직접목적어와 함께 쓰인다.

예 A prize was given to my daughter by the company.
분석 4형식 타동사가 수동태가 될 때 '전치사 간접목적어'와 함께 쓰일 수 있다.

예 The house was bought for the poor by the old man.
분석 4형식 타동사가 수동태가 될 때 '전치사 간접목적어'와 함께 쓰인다.

예 French fries were made for me by her daughter.
분석 4형식 타동사가 수동태가 될 때 '전치사 간접목적어'와 함께 쓰인다.

3 5형식 타동사의 수동태 구조

1. 기본 구조

능동태	The teacher made her children happy. S V O O.C
수동태	Her children were made happy [by the teacher.] O가 S자리 be p.p. O.C는 그대로 by S[목적격]

2. 대표 5형식 동사

능동태	ask 목적어 to부정사	능동태	persuade 목적어 to부정사
수동태	be asked to부정사	수동태	be persuaded to부정사
능동태	allow 목적어 to부정사	능동태	permit 목적어 to부정사
수동태	be allowed to부정사	수동태	be permitted to부정사
능동태	encourage 목적어 to부정사	능동태	force 목적어 to부정사
수동태	be encouraged to부정사	수동태	be forced to부정사
능동태	require 목적어 to부정사	능동태	oblige 목적어 to부정사
수동태	be required to부정사	수동태	be obliged to부정사

해석
그들은 팀으로 시험을 치르도록 요구되었다.

해석
그들은 고국으로 돌아가는 것이 허락되지 않았다.

예 They were required to take tests as a team.
분석 대표 5형식 동사들은 수동태가 될 때 to부정사와 함께 쓰인다.

예 They were not allowed to return to their homeland.
분석 대표 5형식 동사들은 수동태가 될 때 to부정사와 함께 쓰인다.

3. 간주 동사

능동태	look upon + 목적어 + 목적격 보어 + as 명사 또는 as 형용사
수동태	be looked upon + as 명사 또는 as 형용사
능동태	refer to + 목적어 + 목적격 보어 + as 명사 또는 as 형용사
수동태	be referred to + as 명사 또는 as 형용사

예 He is looked upon as the greatest scientist in this country.
분석 5형식 간주 동사의 수동태 구조는 as 명사 또는 as 형용사와 함께 쓰인다.

해석
그는 이 나라의 가장 위대한 과학자라고 생각되고 있다.

4. 사역동사

능동태	make + 목적어 + 동사원형	능동태	make + 목적어 + 과거분사
수동태	be made to부정사	수동태	be made 과거분사

주의 사역 동사 have와 let은 수동태 구조로 쓰이지 않는다.

예 He was made to go against his will.
분석 5형식 사역동사의 경우 수동태 구조가 될 때 원형부정사 대신 부정사와 함께 쓰인다.

해석
그는 하는 수 없이 가야만 했다.

5. 지각동사

능동태	see + 목적어 + 동사원형	능동태	see + 목적어 + 현재분사
수동태	be seen to부정사	수동태	be seen 현재분사
능동태	see + 목적어 + 과거분사	능동태	feel + 목적어 + 동사원형
수동태	be seen 과거분사	수동태	be felt to부정사
능동태	feel + 목적어 + 현재분사	능동태	feel + 목적어 + 과거분사
수동태	be felt 현재분사	수동태	be felt 과거분사
능동태	hear + 목적어 + 동사원형	능동태	hear + 목적어 + 현재분사
수동태	be heard to부정사	수동태	be heard 현재분사
능동태	hear + 목적어 + 과거분사		
수동태	be heard 과거분사		

해석
그 범행이 저질러질 무렵 그가 그 건물에 들어가는 것이 목격되었다.

> 예 He was seen to enter the building about the time the crime was committed.
>
> 분석 5형식 지각동사의 경우 수동태 구조가 될 때 원형부정사 대신 to부정사와 함께 쓰인다.

6. 기타

능동태	call + 목적어 + 명사	능동태	name + 목적어 + 명사
수동태	be called 명사	수동태	be named 명사

해석
독일 의회는 Bundestag이라고 불린다.

> 예 The German parliament is called the 'Bundestag'.
>
> 분석 5형식 동사 call의 수동태 구조는 'be called 명사'이다.

출제포인트 **04**

전치사에 유의해야 할 수동태

PART 02

1 전치사에 따라 의미가 달라지는 수동태

be known as 자격, 신분	~로서 알려져 있다
be known for 이유, 원인	~로 알려져 있다
be known to 대상	~에게 알려져 있다
be known by 판단의 근거	~에 의해 알려지다 ~에 의해 판단되다

예 The professor is known as a witty writer.
분석 be known은 전치사에 따른 달라진 해석에 주의한다.

해석
그 교수님은 재치 있는 작가로서 알려져 있다.

예 The chef's name is known to cooks throughout Europe.
분석 be known은 전치사에 따른 달라진 해석에 주의한다.

해석
그 요리사의 이름은 유럽 전역의 요리사들에게 알려져 있다.

예 The hotel is known for its excellent cuisine.
분석 be known은 전치사에 따른 달라진 해석에 주의한다.

해석
이 호텔의 훌륭한 요리로 알려져 있다.

예 A man is known by the company he keeps.
분석 be known은 전치사에 따른 달라진 해석에 주의한다.

해석
어울리는 친구를 보면 어떤 사람인가를 안다.

2 전치사 선택에 주의할 수동태

전치사 to	be dedicated to	~에 헌신하다	be devoted to	~에 헌신하다
	be committed	to ~에 전념하다	be addicted to	~에 중독되다
	be exposed to	~에 노출되다	be married to	~와 결혼하다
	be opposed to	~에 반대하다	be attributed	to ~ 덕분이다
	be engaged to	~와 약혼중이다		

전치사 with	be satisfied with	~에 만족하다	be gratified with	~에 만족하다
	be pleased with	~에 기뻐하다	be delighted with	~에 기뻐하다
	be crowded with	~으로 붐비다	be filled with	~으로 가득 차다
	be covered with	~로 뒤덮이다	be faced with	~에 직면하다
	be acquainted with	~을 잘 알다	be equipped with	~를 갖춰져 있다
	be endowed with	~를 부여받다	be concerned with	~과 관련이 있다
전치사 in	be engrossed in	~에 몰두하다	be immersed in	~에 몰두하다
	be absorbed in	~에 몰두하다	be lost in	~에 몰두하다
	be caught in	~에 붙잡히다	be stuck in	~에 꼼짝 못하다
	be involved in	~에 연루되다	be engaged in	~에 종사하다
	be located in	~에 위치하다	be situated in	~에 위치하다
	be dressed in		~을 입고 있다	
전치사 about	be concerned about		~을 걱정하다	
	be anxious about		~에 대해 걱정하다	
	be worried about		~을 걱정하다	
전치사 at	be surprised at		~에 놀라다	
	be amazed at		~에 놀라다	
전치사 on	be concentrated on		~에 집중하다	
	be focused on		~에 집중하다	
	be based on		~에 근거하다	

예 Her brother **is addicted** to cocaine.
분석 전치사에 주의할 수동태 구조에 주의한다.

해석 그녀의 오빠는 코카인에 중독되어 있다.

예 She **is immersed** in her law practices.
분석 전치사에 주의할 수동태 구조에 주의한다.

해석 그녀는 변호사 업무에 몰두해 있다.

예 The marketplace **was crowded** with people from surrounding villages.
분석 전치사에 주의할 수동태 구조에 주의한다.

해석 시장은 인근 촌락 사람들로 북적거렸다.

예 He **was caught** in the act of stealing peaches.
분석 전치사에 주의할 수동태 구조에 주의한다.

해석 그는 복숭아를 훔치다가 붙잡혔다.

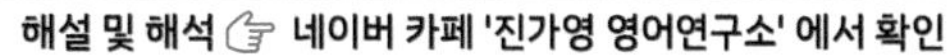
해설 및 해석 네이버 카페 '진가영 영어연구소' 에서 확인

LEVEL-UP 연습문제 01 밑줄 친 부분이 어법상 옳으면 O, 옳지 않으면 X하고 올바르게 고치시오.

01 The cake was baked by my grandmother for the family gathering.

02 A mistake be occurred during the presentation, causing confusion.

03 The need for clarity arose during the heated discussion among team members.

04 Before being added to the menu, the soup was tasted by a panel of judges during the competition.

05 The recipe was consisted of fresh ingredients and spices.

06 The case was referred to by the lawyer in court for clarification.

07 It was believed the ancient artifact held mystical powers.

08 The prize was awarded to the winner of the photography contest.

09 Visitors are allowed to take photographs inside the museum.

10 The city was names a UNESCO World Heritage Site in 2020.

LEVEL-UP 연습문제01 정답

01 O
02 X occured
03 O
04 O
05 X consisted of
06 O
07 X It was believed that
08 O
09 O
10 X was named

해설 및 해석 ☞ 네이버 카페 '진가영 영어연구소' 에서 확인

LEVEL-UP 연습문제 02 밑줄 친 부분에 들어갈 말로 가장 적절한 것은?

01 Not only Tokyo but also cities throughout Japan ____________ their traditional temples.

① are known as ② are known to
③ are known by ④ are known for

02 The meeting _________ in the conference room yesterday afternoon.

① takes place ② was taken place
③ took place ④ taking place

03 Their disagreement ___________ a misunderstanding of the project requirements.

① resulted ② resulted from
③ resulting from ④ was resulted in

04 His extensive network of contacts _______________ to secure funding for the startup.

① was made use ② makes use of
③ was made use of ④ making use of

05 He __________________________ the office prankster due to his sense of humor.

① is affectionately referred to ② is affectionate referred to as
③ affectionately referred to as ④ is affectionately referred to as

LEVEL-UP 연습문제02 정답

01 ④ 02 ③ 03 ② 04 ③ 05 ④

MEMO

New Trend
단기합격 길라잡이

진가영 영어
단기합격 문법
All In One

PART

03

준동사

CHAPTER

07 동명사

신경향 학습 전략

- 2025년 출제 기조 전환에 따라 공무원 영어 시험에 토익과 텝스 그리고 수능 시험이 반영될 예정이므로 이러한 시험들에서 지속적으로 출제되고 있는 동명사 문제에 관한 출제포인트를 학습한다.
- 공무원 시험에서 기존에 중요하게 다뤄지고 있었던 동명사의 명사적 역할과 동명사 관용 구문에 대한 내용을 체계적으로 학습한다.
- 동사원형에 ing를 붙여서 명사 역할을 하는 동명사는 현재분사와 차이점을 구분하고 동명사 고유의 출제포인트를 학습한다.

출제 포인트 마인드 맵

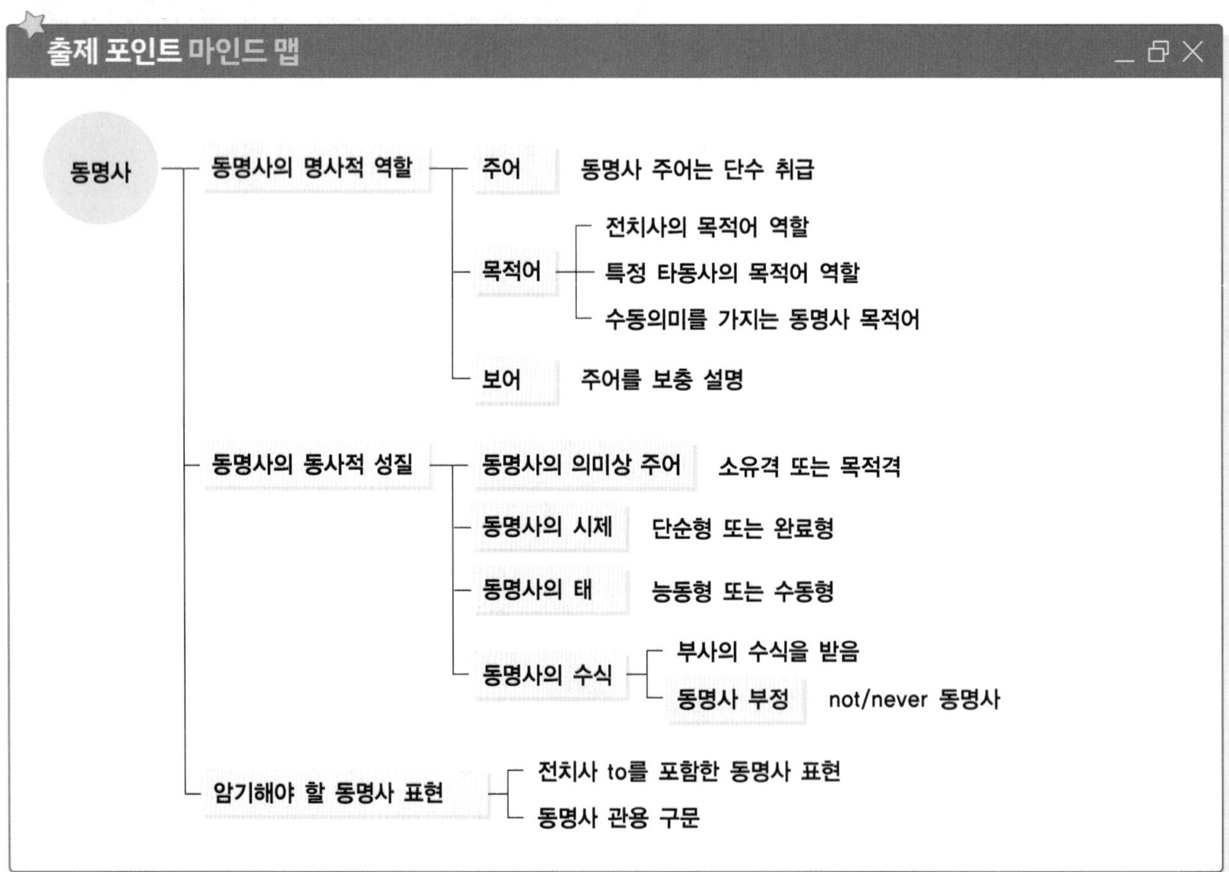

2025 출제 예상 문제

Q 다음 밑줄 친 부분 중 어법상 옳지 않은 것은?

Given the high cost of living in the city, some employees may want to consider ____________ to more affordable suburbs.

① relocate　② relocated
③ to relocate　④ relocating

해석
도시의 높은 생활비를 감안할 때, 일부 직원들은 더 저렴한 교외로 이전하는 것을 고려할 수 있다.

자가진단

01 동사원형에 ing가 결합하여 주로 ❶ '____________'이라는 의미의 명사로 사용될 때 동명사라고 한다.

02 동명사가 주어 역할을 할 경우 ❷ ___________ 와 수일치 한다.

03 특정 타동사는 동명사 목적어를 취하고 이때 주의할 점은 동명사 대신 ❸ ___________ 로 쓰지 않는다.

04 전치사는 목적어로 명사 또는 ❹ ___________를 취한다.

05 need, want, deserve 뒤에 쓰인 능동형 동명사 목적어는 ❺ ________를 전달한다.

06 동명사의 의미상의 주어가 문장의 주어나 목적어와 일치하지 않을 때는 동명사 앞에 생물은 ❻ ________________으로 무생물은 ❼ __________으로 쓴다.

07 동명사가 발생한 시점이 본동사의 시점과 같거나 그 이후에 발생한 경우에는 동명사를 ❽ ____________으로 쓴다.

08 동명사가 발생한 시점이 본동사의 시점보다 그 이전에 발생한 경우에는 동명사를 ❾ ____________으로 쓴다.

09 능동 의미를 전달하고 자동사이거나 타동사 뒤에 목적어가 있는 경우 동명사를 ❿ ____________으로 쓴다.

10 수동 의미를 전달하고 타동사 뒤에 목적어가 없는 경우 동명사를 ⓫ ________으로 쓴다.

11 동명사는 명사 역할을 하지만 원래 동사였기 때문에 ⓬ __________의 수식을 받는다.

12 동명사를 부정할 때는 ⓭ ________ 또는 ⓮ ________ 를 동명사 ⓯ __에 쓴다.

2025 출제 예상 문제 정답 및 해설

정답 ④

해설 3형식 타동사인 consider는 to부정사가 아닌 동명사 목적어를 취한다.

자가진단 정답

❶ ~하기, ~것　❷ 단수 동사　❸ to부정사　❹ 동명사
❺ 수동 의미　❻ 소유격[목적격]　❼ 목적격　❽ 단순형
❾ 완료형　❿ 능동형　⓫ 수동형　⓬ 부사
⓭ not　⓮ never　⓯ 앞

출제포인트 **01**

동명사의 역할

1 동명사의 기본

1. 개념

동사원형에 ing가 결합하여 주로 '~하기, ~것'이라는 의미의 명사로 사용될 때 동명사라고 한다.

2. 역할

동명사는 동사적 성질을 가지고 있지만 명사로 쓰이기 때문에 문장에서 주어, 목적어, 보어 역할을 한다.

2 동명사의 명사적 역할

1. 주어

(1) 동명사는 주어 역할을 할 수 있다.

(2) 동명사 주어는 단수 취급한다.

예 Burning fossil fuels is one of the leading cause of climate change.
분석 동명사 주어는 단수 취급하므로 단수 동사와 수 일치한다.

예 Creating the electrical energy also creates environmental problems.
분석 동명사 주어는 단수 취급하므로 단수 동사와 수 일치한다.

예 Brushing your teeth three times a day promotes good dental health.
분석 동명사 주어는 단수 취급하므로 단수 동사와 수 일치한다.

해석
화석연료를 태우는 것은 기후 변화의 주요 원인 중 하나이다.

해석
전기에너지를 만드는 것은 환경 문제를 또한 야기한다.

해석
하루에 세 번 이를 닦는 것은 치아 건강을 증진시킨다.

2. 목적어

(1) 특정 타동사는 동명사 목적어를 쓸 수 있다.

(2) 이때, 주의할 점은 동명사 대신 to부정사로 쓰지 않는다는 것이다.

동명사를 목적어로 취하는 특정 타동사					
consider	고려하다	quit	그만두다	finish complete	끝내다
suggest	제안하다	keep (on)	계속하다	admit	인정하다
appreciate	감사하다	insist on	주장하다	allow	허락하다

include	포함하다	give up	포기하다	reject	거절하다
involve	연루시키다	abandon		deny	부인하다
enjoy	즐기다	delay	미루다	practice	연습하다
		postpone		mind	꺼리다
		put off		risk	위험을 무릅쓰다

예 I successfully completed writing the book.
분석 특정 타동사는 동명사 목적어를 쓸 수 있다.

해석 나는 성공적으로 그 책을 완성했다.

예 I enjoy finding a bargain when I go shopping.
분석 특정 타동사는 동명사 목적어를 쓸 수 있다.

해석 나는 쇼핑할 때 싼 물건을 찾는 것을 즐긴다.

예 My parents keep on encouraging me to study.
분석 특정 타동사는 동명사 목적어를 쓸 수 있다.

해석 나의 부모님은 계속 나에게 공부를 하라고 격려하신다.

예 My son is considering applying for the company.
분석 특정 타동사는 동명사 목적어를 쓸 수 있다.

해석 나의 아들은 그 회사에 지원할 것을 고려하는 중이다.

예 I insisted on running my business alone.
분석 특정 타동사는 동명사 목적어를 쓸 수 있다.

해석 나는 혼자서 사업을 하겠다고 고집했다.

(3) 전치사 뒤에는 동사 대신 동명사 목적어를 쓴다.

예 The bank violated its policy by giving loans to the unemployed.
분석 전치사는 동사가 아닌 동명사 목적어를 쓴다.

해석 그 은행은 실업자에게 대출해 줌으로써 정책을 위반했다.

(4) 특정 타동사 뒤에 동명사 목적어는 수동의 의미를 전달한다.

need want deserve	to 부정사	능동 의미
	to be p.p. 또는 -ing	수동 의미

예 The car needs repairing.
분석 'need, want, deserve'의 동명사 목적어는 수동의 의미를 지닌다.

해석 그 자동차는 수리될 필요가 있다.

예 The plants want watering daily.
분석 'need, want, deserve'의 동명사 목적어는 수동의 의미를 지닌다.

해석 그 화초들은 매일 물을 주어야 한다.

예 The problem deserves solving.
분석 'need, want, deserve'의 동명사 목적어는 수동의 의미를 지닌다.

해석 그 문제는 풀어볼 만한 가치가 있다.

3. 보어

동명사는 주어를 보충 설명하는 보어 역할을 하고 주로 be동사와 함께 쓰이며 '~하기, ~것'으로 해석한다.

예 My hobby is learning a foreign language.
분석 주격 보어자리의 동명사는 '~하기, ~것'이라는 의미로 주로 쓰인다.

해석 나의 취미는 외국어 배우기이다.

출제포인트 02

동명사의 동사적 성질

1 개념

동명사는 의미상 주어가 있고, 목적어와 보어를 가질 수 있으며, 시제와 태를 표시할 수 있고 부사의 수식을 받는다.

2 동명사의 의미상 주어

(1) 동명사의 의미상의 주어가 문장의 주어나 목적어와 일치할 때는 따로 표시하지 않는다.

(2) 동명사의 의미상의 주어가 문장의 주어나 목적어와 일치하지 않을 때는 동명사 앞에 생물은 소유격(구어체에서 목적격 가능)으로 무생물은 목적격으로 쓴다.

찐팁 의미상 주어
준동사 중 하나인 동명사는 동사적 성질이 있기 때문에 동사가 의미하는 동작이나 상태의 주체가 필요하다. 이때, 이 주체를 의미상 주어라고 한다.

예 I insisted on his **finishing** the project.
분석 동명사의 의미상 주어가 문장의 주어와 다른 경우에는 동명사 앞에 소유격 또는 목적격으로 표시한다.
해석 나는 그가 그 프로젝트를 끝내야 한다고 주장했다.

예 Her **being** honest is known to everybody.
분석 동명사의 의미상 주어가 문장의 주어와 다른 경우에는 동명사 앞에 소유격 또는 목적격으로 표시한다.
해석 그녀가 정직하다는 것은 모두에게 알려져 있다.

예 I would appreciate your **letting** me know what has happened.
분석 동명사의 의미상 주어가 문장의 주어와 다른 경우에는 동명사 앞에 소유격 또는 목적격으로 표시한다.
해석 무슨 일이 있었는지 저에게 알려주시면 감사하겠습니다.

예 They complained of the room **being** small.
분석 동명사의 의미상 주어가 문장의 주어와 다른 경우에는 동명사 앞에 소유격 또는 목적격으로 표시한다.
해석 그들은 방이 작다고 불평했다.

예 The mayor was conscious of the matter **being** important.
분석 동명사의 의미상 주어가 문장의 주어와 다른 경우에는 동명사 앞에 소유격 또는 목적격으로 표시한다.
해석 그 시장은 그 일이 중요하다는 것을 깨달았다.

예 I never dreamed of there **being** a river in the deep forest.
분석 동명사의 의미상 주어가 문장의 주어와 다른 경우에는 동명사 앞에 소유격 또는 목적격으로 표시한다.
해석 깊은 숲에 강이 있으리라고는 꿈에도 생각지 못했다.

3 동명사의 시제

(1) 단순시제 : 동명사의 시제가 본동사의 시제와 같거나 그 이후의 시제인 경우
→ -ing 또는 being p.p.

(2) 완료시제 : 동명사의 시제가 본동사의 시제보다 앞선 경우
→ having p.p. 또는 having been p.p.

> 예 I'm sure of her having been honest when young.
> 분석 동명사의 시제가 본동사의 시제보다 앞선 경우 완료형 동명사를 쓴다.
>
> 예 The girl is proud of having won the first prize last year.
> 분석 동명사의 시제가 본동사의 시제보다 앞선 경우 완료형 동명사를 쓴다.
>
> 예 He is ashamed of having made many mistakes when he was young.
> 분석 동명사의 시제가 본동사의 시제보다 앞선 경우 완료형 동명사를 쓴다.

해석
나는 그녀가 어렸을 때 정직했다고 확신한다.

해석
그 소녀는 작년에 일등상을 받았던 것을 자랑스러워하고 있다.

해석
그는 어렸을 때 많은 실수를 한 것을 부끄러워 한다.

4 동명사의 태

(1) 능동형 : 능동의 의미를 전달하고, 자동사이거나 타동사 뒤에 목적어가 있는 경우
→ -ing 또는 having p.p.

(2) 수동형 : 수동의 의미를 전달하고, 타동사 뒤에 목적어가 없는 경우
→ being p.p. 또는 having been p.p.

> 예 I don't enjoy being laughed at by my friends.
> 분석 타동사 뒤에 목적어가 없는 경우 수동형 동명사를 쓴다.
>
> 예 The company prohibited him from being promoted to vice-president.
> 분석 타동사 뒤에 목적어가 없는 경우 수동형 동명사를 쓴다.

해석
나는 친구들에게 비웃음 당하는 것을 즐기지 않는다.

해석
그 회사는 그가 부회장으로 승진하는 것을 금했다.

5 동명사의 시제와 태

	태 / 시제	능동 [자동사] [타동사 + 목적어]	수동 [타동사 + ∅]
동명사의 시제와 태	단순 [본동사의 시제와 같거나 그 이후의 시제]	-ing	being p.p.
	완료 [본동사의 시제보다 앞선 시제]	having p.p.	having been p.p.

6 동명사의 수식

(1) 동명사는 명사 역할을 하지만 원래 동사였기 때문에 부사의 수식을 받는다.

(2) 동명사를 부정할 때는 not 또는 never를 동명사 앞에 쓴다.

> 예 People are looking forward to not eating potatoes anymore.
> 분석 동명사의 부정은 동명사 앞에 not을 붙인다.

해석
사람들은 더 이상 감자를 먹지 않기를 바라고 있다.

출제포인트 **03**

암기해야 할 동명사 표현

1 전치사 to를 포함한 동명사 표현

look forward to	+ 명사/동명사	~을 기대하다
object to be opposed to have an objection to		~에 반대하다
what do you say to		~하는 게 어때
when it comes to with regard[respect] to as to		~에 관하여
with a view to		~하기 위하여, ~할 목적으로
be used to be accustomed to		~에 익숙하다
contribute to		~에 기여하다, 공헌하다
be devoted to be dedicated to be committed to		~에 전념하다
be tied to		~에 얽매여 있다, 엮이다[관련이 있다]
be addicted to		~에 빠지다[중독되다], 탐닉하다
be exposed to		~에 노출되다

예 He was looking forward to working with you.
분석 전치사 to를 포함한 관용 구문을 확인한다.

해석 그는 당신과 함께 일하기를 기대하고 있었다.

예 I looked forward to this visit.
분석 전치사 to를 포함한 관용 구문을 확인한다.

해석 나는 이번 방문을 고대했다.

예 She objects to being asked out by people at work.
분석 전치사 to를 포함한 관용 구문을 확인한다.

해석 그녀는 직장에서 사람들로부터 데이트 신청을 받는 것을 반대한다.

예 What do you say to playing basketball on Sunday?
분석 전치사 to를 포함한 관용 구문을 확인한다.

해석 일요일에 농구 하는 게 어때?

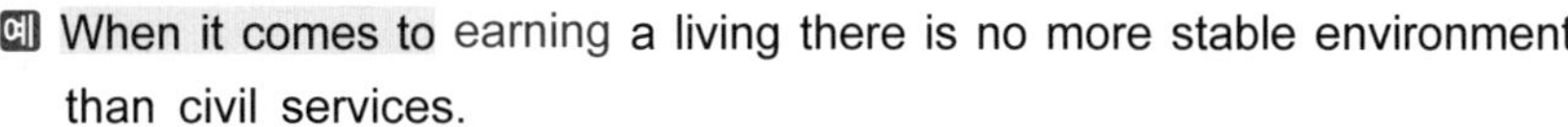

예 When it comes to earning a living there is no more stable environment than civil services.

분석 전치사 to를 포함한 관용 구문을 확인한다.

예 She is used to living alone.

분석 전치사 to를 포함한 관용 구문을 확인한다.

예 The consumers are accustomed to paying bills by credit cards.

분석 전치사 to를 포함한 관용 구문을 확인한다.

예 Sleeping is tied to improving memory among humans.

분석 전치사 to를 포함한 관용 구문을 확인한다.

해석

생계를 유지하는 데 관해서는 공무원보다 안정된 환경은 없다.

해석

그녀는 혼자 사는 데 익숙하다.

해석

소비자들은 신용카드로 청구서를 지불하는 것에 익숙하다.

해석

수면은 인간 사이에서 기억력을 향상시키는 것과 관련이 있다.

2 동명사 관용 표현

It is no use[good] -ing There is no use -ing It is useless[of no use] to부정사	~해도 소용없다
There is no -ing It is impossible to부정사	~하는 것은 불가능하다
cannot help -ing cannot (help/choose) but R have no choice[option, alternative] but to부정사	~하지 않을 수 없다 ~할 수 밖에 없다
be on the verge[edge, point, brink] of -ing be about to부정사	막 ~하려고 하다 ~하기 직전이다
nearly[narrowly] escape (from) -ing come[go] near (to) -ing	~하마터면 (거의) …할 뻔하다
have difficulty[trouble, a hard time] -ing	~하는 데 어려움을 겪다
It goes without saying that절 It is needless to say that절	~은 말할 필요도 없다
make a point of -ing be in the habit of -ing make it a rule to부정사	~하는 것을 규칙으로 삼다
부정어 ~ without -ing 부정어 ~ but 주어 + 동사	~하면 반드시 …하다
spend/waste 시간/돈 (in) -ing spend/waste 시간/돈 on 명사	~하는 데 시간/돈을 쓰다

feel like -ing feel inclined to부정사	~하고 싶다
be worth -ing be worthy of -ing	~할 가치가 있다
be busy (in) -ing	~하느라 바쁘다
go -ing	~하러 가다
end up -ing wind up -ing	결국 ~하게 되다
on[upon] -ing	~하자마자
by -ing	~함으로써
in -ing	~할 때, ~하는 데 있어서

예 I am busy preparing for a trip to Europe.
분석 동명사 관용 표현은 형태와 의미를 암기한다.

해석 나는 유럽여행을 준비하느라 바쁘다.

예 It is no use trying to deceive me.
분석 동명사 관용 표현은 형태와 의미를 암기한다.

해석 나를 속이려 노력해도 소용없다.

예 Last night, she nearly escaped from being run over by a car.
분석 동명사 관용 표현은 형태와 의미를 암기한다.

해석 지난 밤 그녀는 하마터면 차에 치일 뻔했다.

예 His plan for the smart city was worth considering.
분석 동명사 관용 표현은 형태와 의미를 암기한다.

해석 그 스마트 시티에 대한 그의 계획은 고려할 가치가 있었다.

예 I never see this photo without being reminded of my school days.
분석 동명사 관용 표현은 형태와 의미를 암기한다.

해석 나는 이 사진을 보면 학창시절을 떠올리게 된다.

예 I never see this photo but I'm reminded of my school days.
분석 동명사 관용 표현은 형태와 의미를 암기한다.

해석 나는 이 사진을 보면 학창시절을 떠올리게 된다.

예 Upon arriving, he took full advantage of the new environment.
분석 동명사 관용 표현은 형태와 의미를 암기한다.

해석 그는 도착하자마자 새로운 환경을 최대한 이용했다.

예 The homeless usually have great difficulty getting a job.
분석 동명사 관용 표현은 형태와 의미를 암기한다.

해석 노숙자들은 대개 일자리를 얻는 데 큰 어려움을 겪고 있다.

예 I made a point of calling him two or three times a month.
분석 동명사 관용 표현은 형태와 의미를 암기한다.

해석 나는 매달 두세 번 그에게 전화하기로 규칙을 세웠다.

해설 및 해석 ☞ 네이버 카페 '진가영 영어연구소' 에서 확인

LEVEL-UP 연습문제 01 밑줄 친 부분이 어법상 옳으면 O, 옳지 않으면 X하고 올바르게 고치시오.

01 Even when things get tough, keep on <u>believe</u> in yourself.

02 The contract <u>allows making</u> changes with prior approval from management.

03 She regretted her decision to abandon <u>being studied</u> abroad.

04 The repairs need <u>completing</u> before the guests arrive.

05 He is proud of <u>achieving</u> the highest score in the class last year.

06 They are thankful for <u>having been received</u> support from their friends during difficult times.

07 He started saving money with a view <u>to buy</u> a new car next year.

08 The artist is devoted <u>capturing</u> the beauty of nature in her paintings.

09 There is no use <u>argue</u> with her when she's in a bad mood.

10 The picnic will go on as planned, so it is no use <u>complaining</u> about the weather.

LEVEL-UP 연습문제01 정답

01 X believing
02 O
03 X studying
04 O
05 X having achieved
06 X having received
07 X to buying
08 X to capturing
09 X arguing
10 O

해설 및 해석 ☞ 네이버 카페 '진가영 영어연구소' 에서 확인

LEVEL-UP 연습문제 02 밑줄 친 부분에 들어갈 말로 가장 적절한 것은?

01 They considered ________ the project until after the holidays to avoid any disruptions.

① postpone ② to postpone
③ being postponed ④ postponing

02 She deserves __________ for her outstanding performance in the play.

① to praise ② praising
③ praised ④ being praised

03 She is sure of _______________ the tickets for the concert last week.

① having purchased ② being purchased
③ having been purchased ④ purchasing

04 Many citizens are ______________ taxes without clear benefits for the community.

① opposed to raising ② opposed raising
③ opposing raised ④ oppose to raise

05 With the deadline approaching, we ___________________ late to finish the project.

① cannot help to work ② can but to work
③ have no choice but working ④ cannot choose but work

LEVEL-UP 연습문제02 정답

01 ④ 02 ② 03 ① 04 ① 05 ④

CHAPTER
08 분사

신경향 학습 전략

- 2025년 출제 기조 전환에 따라 공무원 영어 시험에 토익과 텝스 그리고 수능 시험이 반영될 예정이므로 이러한 시험들에서 지속적으로 출제되고 있는 **분사 문제에 관한 출제포인트**를 학습한다.
- 공무원 시험에서 기존에 중요하게 다뤄지고 있었던 **현재분사와 과거분사의 구분**과 **분사의 동사적 성질**에 대한 내용을 체계적으로 학습한다.
- 분사는 **문법 문제에서도 중요**하게 다뤄지는 영역이지만 **독해에서도 자주 쓰이는 표현**이므로 **기본부터 심화 내용**까지 학습한다.

출제 포인트 마인드 맵

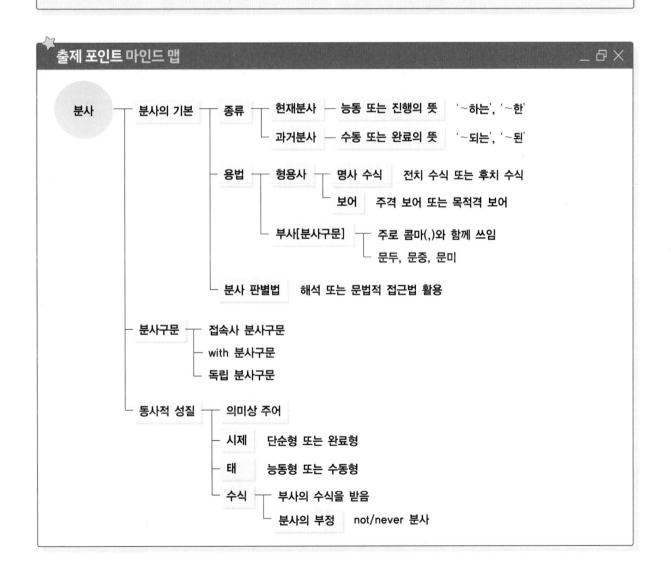

- 분사
  - 분사의 기본
    - 종류
      - 현재분사 — 능동 또는 진행의 뜻 '~하는', '~한'
      - 과거분사 — 수동 또는 완료의 뜻 '~되는', '~된'
    - 용법
      - 형용사
        - 명사 수식 — 전치 수식 또는 후치 수식
        - 보어 — 주격 보어 또는 목적격 보어
      - 부사[분사구문]
        - 주로 콤마(,)와 함께 쓰임
        - 문두, 문중, 문미
    - 분사 판별법 — 해석 또는 문법적 접근법 활용
  - 분사구문
    - 접속사 분사구문
    - with 분사구문
    - 독립 분사구문
  - 동사적 성질
    - 의미상 주어
    - 시제 — 단순형 또는 완료형
    - 태 — 능동형 또는 수동형
    - 수식
      - 부사의 수식을 받음
      - 분사의 부정 — not/never 분사

2025 출제 예상 문제

Q 다음 밑줄 친 부분 중 어법상 옳지 않은 것은?

> The city council announced that the funds ________ from the recent tax increase will go towards enhancing public safety measures and emergency services.

① raised ② raise
③ raising ④ was raised

해석
시 의회는 최근 세금 인상으로 모금된 기금이 공공 안전 조치 및 응급 서비스 개선에 사용될 것이라고 발표했다.

자가진단

01 동사를 ❶ __________로 쓰기 위해서 동사원형에 -ing를 붙여서 쓰는 현재분사와 주로 동사원형에 -ed를 붙인 과거분사를 통칭하여 분사라고 한다.

02 문장 내의 부사절을 분사를 이용한 부사구로 전환한 것을 ❷ __________ 이라고 한다.

03 '동사원형 + -ing'가 문장에서 ❸ ____________________ 자리에 쓰이면 동명사라고 하고 '동사원형 + -ing'가 문장에서 ❹ __________ 자리에 쓰이면 현재분사라고 한다.

04 분사의 수식을 받는 명사가 행동한다는 능동의 의미일 때는 ❺ __________가 옳고 분사의 수식을 받는 명사가 행동 당하는 수동의 의미일 때는 ❻ __________가 옳다.

05 분사구문은 ❼ ______________________________의 의미를 전달한다.

06 분사구문의 의미상 주어와 주절의 주어와 ❽ _________________ 경우 분사 앞에 분사의 의미상 주어를 표시한다.

07 분사구문의 시제가 본동사의 시제와 같거나 그 이후의 시제인 경우에는 분사를 ❾ __________으로 쓰고 본동사의 시제보다 앞선 시제인 경우에는 ❿ __________ 분사를 쓴다.

08 전치사 with는 목적어와 목적격 보어를 수반하여 동시 동작을 나타내며 ⓫ '______________________' 라는 의미로 쓰인다.

09 감정 동사의 현재분사형은 ⓬ ________________는 의미를 전달하고, 주로 사물을 수식할 때 쓰이고 감정 동사의 과거분사형은 ⓭ ______________는 의미를 전달하고, ⓮ ________을 수식할 때 쓰인다.

2025 출제 예상 문제 정답 및 해설

정답 ①

해설 기금이라는 funds는 모금하는 행동을 하는 것이 아닌 모금되는 것이므로 과거분사인 raised가 옳다.

자가진단 정답

❶ 형용사 ❷ 분사구문 ❸ 주어, 목적어, 보어 ❹ 수식어
❺ 현재분사 ❻ 과거분사 ❼ 시간, 이유, 조건, 양보, 부대상황
❽ 일치하지 않는 ❾ 단순형 ❿ 완료형 ⓫ ~한 채로, ~하면서
⓬ 감정을 유발시킨다 ⓭ 감정을 느낀다 ⓮ 사람

출제포인트 **01**

분사의 기본

1 분사

1. 개념

(1) 동사를 형용사로 쓰기 위해서 동사원형에 -ing를 붙여서 쓰는 현재분사와 주로 동사원형에 -ed를 붙인 과거분사를 통칭하여 분사라고 한다.

(2) 문장 내의 부사절을 분사를 이용한 부사구로 전환한 것을 분사구문이라고 한다.

2. 종류

(1) 현재분사 : 능동 또는 진행의 뜻을 나타낸다. '~하는, ~한'으로 해석한다.

예 The people living here are kind to everyone.
분석 명사 ← 현재분사(형용사 역할) : 수식

예 I watched him playing baseball.
분석 목적어 ← 현재분사(목적격 보어) : 보충 설명

(2) 과거분사 : 수동 또는 완료의 뜻을 나타낸다.'~되는, ~된'으로 해석한다.

예 The cars made in Korea are popular.
분석 명사 ← 과거분사(형용사 역할) : 수식

예 Look at the fallen leaves.
분석 과거분사(형용사 역할) → 명사 : 수식

3. 분사의 형용사적 용법[명사 수식, 보어 역할]

(1) 전치 수식[명사 앞에 분사가 쓰일 때]
→ 현재분사나 과거분사가 단독으로 명사를 수식할 때

예 I saw a dying man.
분석 dying → man : 수식

예 She mentioned the broken window yesterday.
분석 broken → window : 수식

해석
이곳에 사는 사람들은 모두에게 친절하다.

해석
나는 그가 야구하는 것을 봤다.

해석
한국에서 만들어진 차들은 인기가 있다.

해석
떨어진 잎들 좀 봐.

해석
나는 죽어가는 남자를 봤다.

해석
그녀는 어제 깨진 창문에 대해 언급했다.

⑵ 후치 수식[명사 뒤에 분사가 쓰일 때]

→ 현재분사나 과거분사가 다른 단어들과 함께 명사를 수식할 때

예 I talked to a woman dancing on the stage.

분석 수식

해석 나는 무대에서 춤을 추고 있는 여자에게 말을 걸었다.

예 We have been to a village deserted by the people.

분석 수식

해석 우리는 사람들에 의해 버려진 마을에 가본 적이 있다.

⑶ 보어 역할

① 주격 보어 : 분사는 2형식 동사의 주격 보어 역할을 할 수 있다.

예 All the students seem satisfied the book.

분석
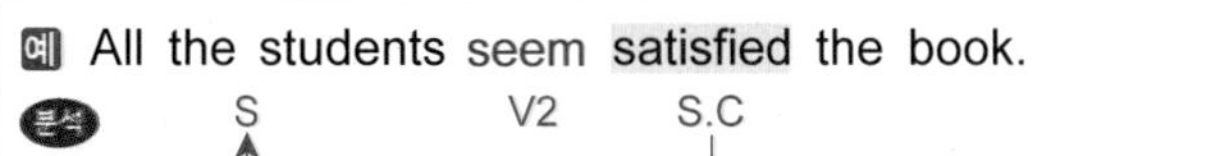

해석 모든 학생들은 그 책에 만족하는 것 같았다.

② 목적격 보어 : 분사는 5형식 동사의 목적격 보어 역할을 할 수 있다.

예 Her mother saw the room cleaned.

분석

해석 그녀의 엄마는 그 방이 청소된 것을 보았다.

4. 분사구문[분사의 부사적 용법]

⑴ 문두

현재분사나 과거분사가 콤마(,)와 함께 문장 처음에 나오는 경우

예 Surrounded by great people, I felt proud.

분석 분사구문

해석 훌륭한 사람들에게 둘러싸여 나는 뿌듯함을 느꼈다.

⑵ 문중

현재분사나 과거분사가 콤마(,)와 함께 문장 중간에 나오는 경우

예 The bungalow, looking down on a beach, is not easy to rent.

분석 분사구문

해석 해변을 내려다보고 있는 방갈로를 대여하는 것은 어렵다.

⑶ 문미

현재분사나 과거분사가 콤마(,)와 함께 문장 끝에 나오는 경우

예 Deforestation is a global problem, affecting wilderness regions.

분석 분사구문

해석 산림벌채는 세계적인 문제이며, 야생지역에 영향을 미치고 있다.

2 동명사 vs 현재분사

1. 구분

(1) 문장에서 '동사원형 + -ing' 구조가 나온다면 동명사가 될 수도 있고 현재분사도 될 수 있다.

(2) '동사원형 + -ing'가 문장에서 주어, 목적어, 보어 자리에 쓰이면 동명사라고 하고 '동사원형 + -ing'가 문장에서 형용사 또는 부사 자리에 쓰이면 현재분사라고 한다.

예 Traveling in space is not so hard.
분석 동명사(S) V

예 The man standing over there is my father.
분석 명사(S) 현재분사(M) V
수식

예 I successfully completed writing the book.
분석 '동사원형 + -ing'가 타동사의 목적어 역할하고 있으므로 동명사이다.

예 The bank violated its policy by giving loans to the unemployed.
분석 '동사원형 + -ing'가 전치사의 목적어 역할하고 있으므로 동명사이다.

예 The man running with a dog is my uncle.
분석 '동사원형 + -ing'가 명사를 수식하는 역할을 하고 있으므로 현재분사이다.

예 I caught the boy stealing money from the room.
분석 '동사원형 + -ing'가 목적격 보어 역할을 하고 있으므로 현재분사이다.

해석 우주 여행은 그렇게 어렵지 않다.

해석 저기 서 있는 남자는 나의 아버지이다.

해석 나는 성공적으로 그 책을 완성했다.

해석 그 은행은 실업자에게 대출해 줌으로써 정책을 위반했다.

해석 개와 함께 달리고 있는 남자는 나의 삼촌입니다.

해석 나는 그 방에서 돈을 훔친 그 소년을 잡았다.

3 과거시제 동사 vs 과거분사

1. 구분

(1) 문장에서 '동사원형 + -ed' 구조가 나온다면 과거시제 동사가 될 수도 있고 과거분사도 될 수 있다.

(2) '동사원형 + -ed'가 문장에서 동사 자리에 쓰이면 과거시제 동사라고 하고 '동사원형 + -ed'가 문장에서 형용사나 부사 자리에 쓰이면 과거분사라고 한다.

예 The students arrived at the town with my friend.
분석 S 과거시제 동사

예 She attempted a new method.
분석 S 과거시제 동사 O

예 They found the handkerchiefs stained with blood.
분석 S V_5 O 목적격 보어(과거분사)

해석 그 학생들은 시내에 친구와 함께 도착했다.

해석 그녀는 새로운 방법을 시도했다.

해석 그들은 피로 얼룩진 손수건을 발견했다.

해석
우리는 그것을 밤새도록 봤다.

해석
사고가 조종사의 피로 때문에 일어났다.

해석
다른 기술과 함께 이용되면서, 동물들은 인간의 생활 수준을 상당히 높일 수 있다.

해석
그녀는 당신의 업무 설명에 언급된 모든 요건을 충족합니다.

예 We watched it all night.
분석 '동사원형 + -ed'가 동사 역할을 하고 있으므로 과거시제 동사이다.

예 The accident occurred because of the pilot's fatigue.
분석 '동사원형 + -ed'가 동사 역할을 하고 있으므로 과거시제 동사이다.

예 Utilized with other techniques, animals can raise human living.
분석 '동사원형 + -ed'가 수식어(부사)역할을 하고 있으므로 과거분사이다.

예 She meets all the requirements mentioned in your job description.
분석 '동사원형 + -ed'가 수식어(형용사)역할을 하고 있으므로 과거분사이다.

출제포인트 **02**

분사 판별법

1 현재분사 vs 과거분사

형용사나 부사 자리에 현재분사나 과거분사가 쓰일 때 올바른 분사의 형태를 썼는지 판별해야 한다.

2 분사 선택 원칙

1. 해석

(1) 분사의 수식을 받는 명사가 행동한다는 능동의 의미일 때는 현재분사가 옳다.

(2) 분사의 수식을 받는 명사가 행동당하는 수동의 의미일 때는 과거분사가 옳다.

2. 문법

(1) 자동사는 능동형으로만 쓰이므로 현재분사가 옳다.

(2) 타동사는 목적어 유무 확인 후 분사를 선택한다.

① 타동사가 목적어를 취하고 있으면 현재분사가 옳다.

② 타동사가 목적어를 취하고 있지 않으면 과거분사가 옳다.

예 This is a picture of a couple walking together.

분석 동사가 분사로 쓰일 때 올바른 분사 형태를 선택해야 한다. 자동사는 능동의 의미만 지니므로 현재분사로 쓴다.

해석 이 사진은 함께 걷고 있는 커플의 사진이다.

예 He stood leaning against the wall.

분석 동사가 분사로 쓰일 때 올바른 분사 형태를 선택해야 한다. 자동사는 능동의 의미만 지니므로 현재분사로 쓴다.

해석 그는 벽에 기댄 채로 서 있었다.

예 There was a crying baby on my flight to Paris.

분석 동사가 분사로 쓰일 때 올바른 분사 형태를 선택해야 한다. 자동사는 능동의 의미만 지니므로 현재분사로 쓴다.

해석 내가 탄 파리행 비행기에, 우는 아기가 한 명 있었다.

예 Sustainability leads to a better life, enhancing their ability to cope with the world.

분석 동사가 분사로 쓰일 때 올바른 분사 형태를 선택해야 한다. 동사가 타동사일 때는 목적어의 유무에 따라 다르다. 목적어가 있는 경우에는 현재분사로 쓴다.

해석 지속가능성은 더 나은 삶으로 이끌며 세상에 대처할 능력을 향상시킨다.

예 Located in San Francisco Bay, Alcatraz imprisoned the worst criminals in the country.

분석 동사가 분사로 쓰일 때 올바른 분사 형태를 선택해야 한다. 동사가 타동사일 때는 목적어의 유무에 따라 다르다. 목적어가 없는 경우에는 과거분사로 쓴다.

해석 샌프란시스코만에 위치한 Alcatraz는 그 나라에서 가장 나쁜 범죄자들을 투옥시켰다.

예 Seen from a distance, it is indistinguishable from its environment.

분석 동사가 분사로 쓰일 때 올바른 분사 형태를 선택해야 한다. 동사가 타동사일 때는 목적어의 유무에 따라 다르다. 목적어가 없는 경우에는 과거분사로 쓴다.

해석 먼 거리에서 보여질 때, 그것은 주변환경과 구별이 안 된다.

출제포인트 **03**

분사구문과 분사의 동사적 성질

1 분사구문의 기본

1. 개념

(1) 부사절을 분사를 이용하여 부사구로 줄여 쓸 수 있는데 이것을 분사구문이라고 한다.

(2) 분사구문은 시간, 이유, 조건, 양보, 부대상황의 의미를 전달한다.

2. 만드는 법

(1) 부사절에 접속사를 생략한다.

(2) 부사절 주어와 주절의 주어가 같으면 부사절 주어를 생략하고, 부사절 주어와 주절의 주어가 다르면 부사절 주어를 생략하지 않는다.

(3) 부사절의 시제가 주절의 시제와 같으면 동사를 '동사원형 + -ing'인 단순 분사를 사용하고 부사절의 시제가 주절의 시제보다 앞선 시제일 때 'having p.p.'인 완료 분사의 형태로 쓴다.

(4) Being이나 Having been은 생략할 수 있다.

부사절 주어 = 주절의 주어

예 ~~After we finished~~ our homework, we went to the park.

분석 → Finishing our homework, we went to the park.
분사구문

해석
숙제를 끝낸 후에 우리는 공원에 갔다.

부사절 주어 ≠ 주절의

예 ~~If~~ it ~~is~~ fine tomorrow, I'll go to the beach.

분석 → It being fine tomorrow, I'll go to the beach.
분사구문

해석
내일 날씨가 좋으면, 나는 해변에 갈거야.

2 접속사 분사구문

1. 개념

'시간 · 조건 · 양보' 접속사가 이끄는 부사절의 주어와 주절의 주어가 같고 부사절의 동사가 be동사인 경우에는 '주어 + be'동사를 생략할 수 있고 생략된 후에는 분사 또는 형용사 또는 전명구가 남게 된다.

2. 형태

시간	when, while, until	(주어 + be동사)	-ing
조건	if, unless		p.p.
			형용사
양보 접속사	though, although		전명구

예 If used wisely, leisure promotes health, efficiency, and happiness.
분석 시간 · 조건 · 양보 접속사는 분사와 함께 쓰일 수 있다.

예 A person can learn so much when studying abroad.
분석 시간 · 조건 · 양보 접속사는 분사와 함께 쓰일 수 있다.

예 While working at a hospital, she saw her first air show.
분석 시간 · 조건 · 양보 접속사는 분사와 함께 쓰일 수 있다.

예 It is a step-by-step set of instructions that, if carried out, exactly solves the problem.
분석 시간 · 조건 · 양보 접속사는 분사와 함께 쓰일 수 있다.

해석 현명하게 사용된다면 여가는 건강, 효율성, 그리고 행복을 증진시킨다.

해석 해외에서 공부할 때 사람은 많은 것을 배울 수 있다.

해석 병원에서 일하는 동안 그녀는 첫 번째 항공 쇼를 보았다.

해석 이것은 실행된다면 문제를 정확하게 해결할 수 있는 단계별 지침이다.

3 분사의 동사적 성질

1. 의미상 주어

(1) 분사구문의 의미상 주어는 주절의 주어와 일치할 때 따로 표시하지 않는다.

(2) 분사구문의 의미상 주어와 주절의 주어와 일치하지 않는 경우 분사 앞에 표시한다.

(3) 분사구문의 주어가 날씨일 때는 being 앞에 it이나 the weather가 있는지 확인한다.

(4) 분사구문의 의미상의 주어가 there이고 분사구문이 being일 경우 'There being 명사'는 주로 '~이 있어서'로 해석하고 'There being no 명사'는 '~이 없어서'로 해석한다.

예 The machine being out of order, we sent for a machanic.
분석 분사구문 / 분사구문의 의미상 주어 ≠ 주절의

예 It being cold outside, I boiled some water to have tea.
분석 날씨를 의미할 경우 분사의 주어로 it이나 the weather를 쓴다.

예 There being a large crowd, it was difficult to move through the streets.
분석 '~이 있어서'라는 의미를 나타내는 분사구문은 'There being 명사'이다.

예 There being no other options, they decided to take the train.
분석 '~이 없어서'라는 의미를 나타내는 분사구문은 'There being no 명사'이다.

해석 기계가 고장나서 우리는 기계공을 부르러 보냈다.

해석 바깥 날씨가 추웠기 때문에, 나는 차를 마시려고 물을 끓였다.

해석 많은 사람들이 있어서 거리를 지나가기 어려웠다.

해석 다른 선택지가 없어서 그들은 기차를 타기로 결정했다.

2. 시제와 태

	태 \ 시제	능동 [자동사], [타동사 + 목적어]	수동 [타동사 + ∅]
분사구문의 시제와 태	단순 [본동사의 시제와 같거나 그 이후의 시제]	-ing	(being) p.p.
	완료 [본동사의 시제보다 앞선 시제]	having p.p.	(having been) p.p.

예 Having failed twice, he didn't wnat to try again.
분석 본동사의 시제보다 분사구문의 시제가 앞선 경우에는 완료형 분사를 쓴다.

예 Having finished my project last week, I have nothing to do.
분석 본동사의 시제보다 분사구문의 시제가 앞선 경우에는 완료형 분사를 쓴다.

예 The package, having been wrongly addressed, reached him late.
분석 본동사의 시제보다 분사구문의 시제가 앞선 경우에는 완료형 분사를 쓴다.

해석
두 번 실패했었기 때문에, 그는 다시 도전해 보고 싶지 않았다.

해석
나는 지난주에 프로젝트를 끝냈기 때문에 할 일이 없다.

해석
주소가 잘못 적혔던 그 소포는 그에게 늦게 도착했다.

3. 분사구문의 부정과 수식

분사구문을 부정할 때는 분사 앞에 not, never를 쓰고 분사는 부사의 수식을 받는다.

예 Not knowing what to do next, I asked for her advice.
분석 분사구문의 부정은 분사 앞에 not 또는 never를 쓴다.

예 Not having met him before, I don't know him.
분석 분사구문의 부정은 분사 앞에 not 또는 never를 쓴다.

해석
그 다음에 무엇을 해야 할지 몰랐기 때문에, 나는 그녀의 조언을 구했다.

해석
전에 그를 만난 적이 없어서, 나는 그를 모른다.

4 with 분사구문과 독립 분사구문

1. with 분사구문

(1) 전치사 with는 목적어와 목적격 보어를 수반하여 동시 동작을 나타내며 '~한 채로, ~하면서'라는 의미로 쓰인다.

(2) 목적격 보어 자리에는 분사, 형용사, 전명구, 부사가 쓰일 수 있다.

	명사 목적어	목적격 보어 [-ing / -p.p. / 형용사 / 전명구 / 부사(on, off)]	
with	arms	crossed	팔짱을 낀 채로
	legs	crossed	다리를 꼰 채로
	eyes	closed	눈을 감은 채로
	mouth	open	입을 연 채로
	night	coming on	밤이 다가오면서
	the hat	on	모자를 쓴 채로
	boots	off	부츠를 벗은 채로
	your hands	in your pocket	주머니에 손을 넣은 채로

예 I'm not going to wait with my arms crossed.
분석 with는 분사와 함께 쓰여 '~한 채로'라는 의미로 쓰인다.

해석
나는 팔짱을 낀 채로 기다리지 않을 것이다.

2. 독립 분사구문

all things considered = considering all things = all things taken into account = taking all things into account	모든 것을 고려해 볼 때
generally[strictly, frankly] speaking	일반적으로[엄격히, 솔직히] 말하면
other[all] things being equal	다른[모든] 조건이 같다면
weather permitting	날씨가 좋으면, 날씨가 괜찮으면
judging from[by]	~으로 판단하건대[미루어 보아]
depending on	~에 따라
regarding concerning	~에 관하여[대하여]
considering (that)	~을 고려[감안]하면
given (that)	~을 고려하면
granting, granted (that)	~이라 할지라도

예 All things considered, the project was a success despite the initial setbacks.
분석 독립 분사구문은 올바른 형태와 의미를 암기한다.

예 Weather permitting, we will finish the construction work by the end of the month.
분석 독립 분사구문은 올바른 형태와 의미를 암기한다.

해석
모든 것을 고려해 볼 때, 초기의 차질에도 불구하고 프로젝트는 성공적이었다.

해석
날씨가 허락한다면, 우리는 이 달 말까지 공사 작업을 마칠 것이다.

출제포인트 04

감정분사와 분사형 형용사

1 감정분사

1. 용법

감정 동사의 현재 분사	감정을 유발시킨다는 의미를 전달, 주로 사물을 수식할 경우
감정 동사의 과거 분사	감정을 느낀다는 의미를 전달, 사람을 수식할 경우

2. 종류

surprising surprised	놀라운 놀란	disappointing disappointed	실망스러운 실망한
amazing amazed	놀라운 놀란	frustrating frustrated	좌절감을 주는 좌절한
astonishing astonished	(정말) 놀라운 (깜짝) 놀란	overwhelming overwhelmed	압도적인 압도된
frightening frightened	무서운 무서워하는	embarrassing embarrassed	난처하게 하는 난처한
startling startled	놀라운 놀란	bewildering bewildered	당황하게 하는 당황한
alarming alarmed	놀라운 놀란	shocking shocked	충격적인 충격을 받은
exciting excited	흥분시키는 흥분한	annoying annoyed	짜증스러운 짜증이 난
fascinating fascinated	매혹적인 매혹된	worrying worried	걱정하게 하는 걱정되는
pleasing pleased	기쁘게 하는 기쁜	confusing confused	혼란스럽게 하는 혼란스러운
satisfying satisfied	만족감을 주는 만족하는	depressing depressed	우울하게 만드는 우울한
interesting interested	흥미로운 흥미 있어 하는	exhausting exhausted	지치게 하는 지쳐버린
moving moved	감동을 주는 감동한	tiring tired	지치게 하는 지친, 피곤한
touching touched	감동적인 감동한	boring bored	지루한 지루해하는

예 The movie was so boring that I fell asleep.
분석 감정분사는 사물을 수식할 때 감정을 유발한다는 의미를 지닌 현재분사형으로 쓴다.

해석 영화가 너무 지루해서 나는 잠이 들었다.

예 The touching story made the audience happy.
분석 감정분사는 사물을 수식할 때 감정을 유발한다는 의미를 지닌 현재분사형으로 쓴다.

해석 그 감동적인 이야기는 청중을 기쁘게 했다.

예 I climbed down the ladder, feeling very embarrassed.
분석 감정분사는 사람을 수식할 때 감정을 느낀다는 의미를 지닌 과거분사형으로 쓴다.

해석 나는 사다리를 타고 내려왔고 매우 당황했다.

예 Annoyed by the noise, she left the cafe.
분석 감정분사는 사람을 수식할 때 감정을 느낀다는 의미를 지닌 과거분사형으로 쓴다.

해석 소음에 짜증이 나서 그녀는 카페를 떠났다.

예 He was disappointed with the results of the test.
분석 감정분사는 사람을 수식할 때 감정을 느낀다는 의미를 지닌 과거분사형으로 쓴다.

해석 그는 시험결과에 실망했다.

예 What happened to my lovely grandson last summer was really amazing.
분석 감정분사는 사물을 수식할 때 감정을 유발한다는 의미를 지닌 현재분사형으로 쓴다.

해석 지난여름 나의 사랑스러운 손자에게 일어난 일은 놀라웠다.

예 His latest film is far more boring than his previous ones.
분석 감정분사는 사물을 수식할 때 감정을 유발한다는 의미를 지닌 현재분사형으로 쓴다.

해석 그의 최신 영화는 전작보다 훨씬 더 지루하다.

예 The novel was so exciting that I lost track of time and missed the bus.
분석 감정분사는 사물을 수식할 때 감정을 유발한다는 의미를 지닌 현재분사형으로 쓴다.

해석 그 소설은 너무 흥미로워서 나는 시간이 가는 줄도 몰랐고 버스를 놓쳤다.

2 분사형 형용사

missing	사라진, 실종된, 분실된	challenging	도전적인
existing	기존의, 현존하는, 현행의	rewarding	보람 있는
lasting	영속적인, 지속적인	demanding	힘든, 요구가 많은
lacking	부족한, 결핍된	promising	유망한, 촉망되는
remaining	남아 있는, 남은	pressing	긴급한
leading	가장 중요한, 선도적인	drowned	물에 빠져 죽은

예 The minister was missing.
분석 missing은 분사형 형용사로 '사라진, 실종된, 분실된'이라는 의미로 쓰인다.

해석 그 장관이 실종됐다.

예 She had a teddy bear, both of whose eyes were missing.
분석 missing은 분사형 형용사로 '사라진, 실종된, 분실된'이라는 의미로 쓰인다.

해석 그녀는 곰 인형을 가지고 있었는데, 두 눈이 모두 사라졌다.

예 The existing system will be updated to enhance user experience.
분석 existing은 분사형 형용사로 '기존의, 현존하는, 현행의'라는 의미로 쓰인다.

해석 기존 시스템은 사용자 경험을 향상시키기 위해 업데이트될 것이다.

예 The leading brand in the market announced the release of its new product.
분석 leading은 분사형 형용사로 '가장 중요한, 선도적인'이라는 의미로 쓰인다.

해석 시장에서 선도적인 브랜드가 신제품 출시를 발표했다.

해설 및 해석 ☞ 네이버 카페 '진가영 영어연구소' 에서 확인

LEVEL-UP 연습문제 01 밑줄 친 부분이 어법상 옳으면 O, 옳지 않으면 X하고 올바르게 고치시오.

01 The water ran down the street caused a minor flood.

02 The letter sent yesterday has not been delivered yet.

03 The citizens were frustrating by the delay in the public transportation project.

04 He considered the task completed, feeling satisfied with his effort.

05 Seen the dark clouds approaching, they quickly packed up the picnic.

06 They noticed the workers repairing the road outside their house.

07 The decision made by the committee was questioned by many members.

08 Unless properly maintaining, machinery can quickly deteriorate.

09 Having been finished his work early, he decided to take a break.

10 He sat on the bench with arms crossed, deep in thought.

LEVEL-UP 연습문제01 정답

01 ☒ running down
02 ○
03 ☒ frustrated
04 ○
05 ☒ Seeing
06 ○
07 ○
08 ☒ maintained
09 ☒ Having finished
10 ○

해설 및 해석 ☞ 네이버 카페 '진가영 영어연구소' 에서 확인

LEVEL-UP 연습문제 02 밑줄 친 부분에 들어갈 말로 가장 적절한 것은?

01 The audience watched ________________ on stage.

① dancing perform
② the dancers performing
③ the dancing perform
④ the dancers performed

02 All the customers ____________ with the service they received at the restaurant.

① appears pleased
② appear pleased
③ appeared pleasure
④ were appeared pleasing

03 ________________, employees prefer a flexible working schedule, which can lead to higher job satisfaction.

① Other things are equal
② One thing equal
③ Other things equal
④ Other things being equal

04 Although ________________ from the long flight, she managed to attend the evening reception.

① she was exhausted
② were exhausting
③ she was exhausting
④ she exhausted

05 ________________ during training, he had to withdraw from the competition.

① Being injury
② Having injured
③ Having been injured
④ Injuring

LEVEL-UP 연습문제02 정답

01 ② 02 ② 03 ④ 04 ① 05 ③

CHAPTER

09 부정사

신경향 학습 전략

- 2025년 출제 기조 전환에 따라 공무원 영어 시험에 토익과 텝스 그리고 수능 시험이 반영될 예정이므로 이러한 시험들에서 지속적으로 출제되고 있는 부정사 문제에 관한 출제포인트를 학습한다.
- 공무원 시험에서 to부정사는 영어 문장에서 명사, 형용사, 부사 역할을 모두 하는 다재다능한 표현이기 때문에 주로 올바른 표현으로 기출되고 있다. 특정한 경우에는 to부정사가 옳지 않은 형태로 나오기 때문에 언제 to부정사를 주의해서 살펴봐야 하는지에 초점을 맞춰서 학습한다.
- to부정사를 포함한 다양한 구문과 to부정사의 동사적 특성을 물어보는 문제는 난도가 높은 유형으로 출제될 가능성이 있으므로 해당 부분을 학습한다.

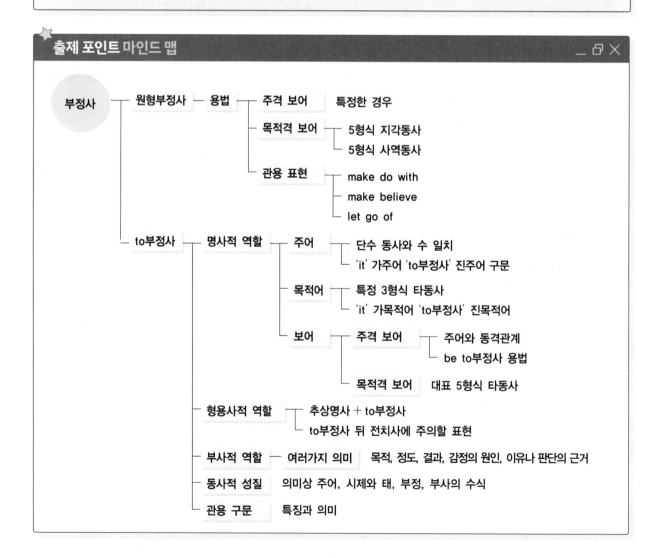

출제 포인트 마인드 맵

- 부정사
  - 원형부정사 — 용법
    - 주격 보어 — 특정한 경우
    - 목적격 보어
      - 5형식 지각동사
      - 5형식 사역동사
    - 관용 표현
      - make do with
      - make believe
      - let go of
  - to부정사
    - 명사적 역할
      - 주어
        - 단수 동사와 수 일치
        - 'it' 가주어 'to부정사' 진주어 구문
      - 목적어
        - 특정 3형식 타동사
        - 'it' 가목적어 'to부정사' 진목적어
      - 보어
        - 주격 보어
          - 주어와 동격관계
          - be to부정사 용법
        - 목적격 보어 — 대표 5형식 타동사
    - 형용사적 역할
      - 추상명사 + to부정사
      - to부정사 뒤 전치사에 주의할 표현
    - 부사적 역할 — 여러가지 의미 — 목적, 정도, 결과, 감정의 원인, 이유나 판단의 근거
    - 동사적 성질 — 의미상 주어, 시제와 태, 부정, 부사의 수식
    - 관용 구문 — 특징과 의미

2025 출제 예상 문제

Q 다음 밑줄 친 부분 중 어법상 옳지 않은 것은?

> When implementing new regulations, agencies tend __________ extensive public consultations to ensure that the policies are well-received and effective in addressing community needs.

① conduct　　② conducting
③ conducted　　④ to conduct

해석 새로운 규정을 시행할 때, 기관들은 정책이 지역 사회의 요구를 효과적으로 해결하고 잘 받아들여지도록 하기 위해 광범위한 대중 상담을 실시하는 경향이 있다.

자가진단

01 5형식 사역 동사와 지각 동사의 목적어와 목적격 보어 관계가 능동일 경우에 목적격 보어 자리에 ❶ ______________를 쓴다.

02 to부정사는 주어 역할을 할 수 있고 단수 동사와 수 일치하며 주어로 쓰인 to부정사는 ❷ _______와 'to부정사' 진주어 구문으로 쓸 수 있다.

03 특정 3형식 타동사는 to부정사 목적어를 취할 수 있고 이때 주의할 점은 to부정사 대신 ❸ _______로 쓰지 않는다.

04 특정 5형식 타동사는 'to부정사' 진목적어와 'it' ❹ _________를 취할 수 있다.

05 be 동사 뒤의 to부정사는 'be to 용법'으로 쓰일 수 있고 ❺ '________________'의 의미를 지닌다.

06 to부정사의 수식을 받는 명사가 to부정사의 의미상의 목적어일 때 to부정사 뒤의 목적어는 ❻ ______________.

07 to부정사의 의미상의 주어가 문장의 주어나 목적어와 일치하지 않을 때는 원칙적으로 to부정사의 의미상 주어는 to부정사 앞에 ❽ '_____________'으로 표시한다.

08 'It be 인성형용사'를 포함한 to부정사 구문에서는 to부정사의 의미상의 주어는 ❾ '______________'으로 쓴다.

2025 출제 예상 문제 정답 및 해설

정답 ④

해설 특정 3형식 타동사 중 하나인 tend는 동명사가 아닌 to부정사 목적어를 취한다.

자가진단 정답

❶ 원형부정사　❷ 'it' 가주어　❸ 동명사　❹ 가목적어
❺ 예정, 의무, 의도, 가능, 운명　❻ 생략한다　❼ for 목적격
❽ of 목적격

출제포인트 01

원형부정사

1 원형부정사 용법

1. 주격 보어

that절의 수식을 받고있는 all, the only, the best 등이 주어인 경우이거나 선행사를 포함한 관계대명사 what이 명사절 주어로 쓰였을 때 be 동사 뒤 주격 보어 자리에는 to가 생략된 원형부정사를 쓸 수 있다.

예 All that I have to do is eat carefully.
분석 (All ← that I have to do: 수식) eat: S.C(원형부정사)

해석
내가 해야 할 일은 조심스럽게 먹는 것이다.

2. 목적격 보어

5형식 지각 동사와 사역 동사의 목적어와 목적격 보어 관계가 능동일 경우에 목적격 보어 자리에 원형부정사를 쓴다. 5형식 동사 help는 목적격 보어 자리에 원형부정사와 to부정사 모두 가능하다.

예 My teacher made him clean the room.
분석 made: V5 clean: O.C(원형부정사)

예 The girl saw them enter the room.
분석 saw: V5 enter: O.C(원형부정사)

예 I help him do her homework.
분석 help: V5 do: O.C(원형부정사)

해석
나의 선생님은 그에게 방을 청소하게 했다.

해석
그 소녀는 그들이 방으로 들어가는 것을 봤다.

해석
나는 그가 그녀의 숙제를 하도록 도왔다.

2 원형부정사 관용 구문

do nothing but 원형부정사	~하기만 하다
let go of	~을 놓아주다
make do with	임시변통하다
let slip	누설하다, 놓치다
make believe	~인 체하다 주의 make it believe (×)

예 You just have to let go of him.
분석 원형부정사 관용 구문은 암기한다.

예 She tried not to let slip what she knew.
분석 원형부정사 관용 구문은 암기한다.

예 The spoiled boy made believe he didn't hear his father calling.
분석 원형부정사 관용 구문은 암기한다.

해석
너는 그냥 그를 보내줘야 한다.

해석
그녀는 자기가 아는 내용을 누설하지 않도록 애를 썼다.

해석
그 버릇없는 소년은 아버지가 부르는 것을 못 들은 척했다.

출제포인트 **02**

to부정사의 명사 역할

1 주어 역할

to부정사는 주어 역할을 할 수 있고 단수 동사와 수 일치하며 주어로 쓰인 to부정사는 'it' 가주어 'to부정사' 진주어 구문으로 쓰일 수 있다.

예 To walk in the morning is good.
= It is good to walk in the morning.

분석 to부정사가 주어 역할을 할 때 단수 동사와 수 일치하고 이때 to부정사는 'it' 가주어 'to부정사' 진주어 구문으로 쓰일 수 있다.

해석 아침에 걷는 것은 좋다.

예 To learn a new language in a short period of time is possible.
= It is possible to learn a new language in a short period of time.

분석 to부정사가 주어 역할을 할 때 단수 동사와 수 일치하고 이때 to부정사는 'it'가주어 'to부정사' 진주어 구문으로 쓰일 수 있다.

2 목적어 역할

1. 특정 타동사와 to부정사 목적어

try	노력하다	plan	계획하다	refuse	거절하다
want	원하다	pretend	~인 체하다	tend	~하는 경향이 있다
seek	구하다	promise	약속하다	afford	~할 여유 있다
agree	동의하다	decide determine resolve	결정하다	offer	제의하다, 권고하다
choose	선택하다			dare	감히 ~하다
hope	희망하다	fail	~하지 못하다	strive	노력하다

예 He managed to finish the book before the library closed.

분석 to부정사는 특정 타동사의 목적어 역할을 할 수 있다

해석 그는 도서관이 문을 닫기 전에 가까스로 책을 다 읽었다.

예 People tend to be strict as they get old.

분석 to부정사는 특정 타동사의 목적어 역할을 할 수 있다

해석 사람들은 나이가 들수록 엄격해지는 경향이 있다.

예 Many women choose to go out to work.

분석 to부정사는 특정 타동사의 목적어 역할을 할 수 있다

해석 많은 여성들이 일하러 나가는 것을 선택한다.

예 They attempted to explain their mistakes.

분석 to부정사는 특정 타동사의 목적어 역할을 할 수 있다

해석 그들은 자신들의 실수를 해명하려고 시도했다.

예 He decided to study hard.

분석 to부정사는 특정 타동사의 목적어 역할을 할 수 있다

해석 그는 공부를 열심히 하기로 결심했다.

2. to부정사 목적어 vs 동명사 목적어

regret + to부정사	~하게 되어 유감이다
regret + 동명사	~한 것을 후회하다
remember + to부정사	~할 것을 기억하다
remember + 동명사	~한 것을 기억하다
forget + to부정사	~할 것을 잊다
forget + 동명사	~한 것을 잊다
stop + to부정사	~하기 위해 멈추다
stop + 동명사	~하기를 멈추다

예 They regretted leaving the party early.

예 I regret to inform you that your application has been rejected.

예 Remember to submit the report by Friday.

예 She remembers meeting him at the conference.

예 I'll never forget meeting you for the first time.

예 Don't forget to call me when you arrive.

예 She stopped smoking for health reasons.

예 He stopped to buy a coffee on his way to work.

3. to부정사 '진목적어'와 it '가목적어'

5형식 동사	가목적어	목적격 보어	진목적어
make, believe, consider, find, think	it	형용사 / 명사	(for 목적어) to부정사 that절

예 I found it hard to make out what she was saying.
분석 V5 가목적어 진목적어

3 보어 역할

1. 주격 보어

to부정사는 2형식 동사의 주격 보어 역할을 할 수 있고 주어와 동격 관계를 이룬다.

예 A main duty of fireman is to put out fires.
분석 to부정사는 2형식 동사의 주격 보어 역할을 할 수 있고 주어와 동격 관계를 이룬다.

예 My dream is to become a doctor.
분석 to부정사는 2형식 동사의 주격 보어 역할을 할 수 있고 주어와 동격 관계를 이룬다.

찐팁 'begin, start, like, love, hate' to부정사 또는 동명사 모두 가능

해석 그들은 파티를 일찍 떠난 것을 후회했다.

해석 당신의 지원서가 거절되었음을 알리게 되어 유감이다.

해석 금요일까지 보고서를 제출하는 것을 기억하세요.

해석 그녀는 그를 회의에서 만난 것을 기억한다.

해석 당신을 처음 만난 것을 결코 잊지 않을 것이다.

해석 도착하면 나에게 전화하는 것을 잊지 마세요.

해석 그녀는 건강상의 이유로 담배를 끊었다.

해석 그는 출근하는 길에 커피를 사기 위해 멈췄다.

해석 나는 그녀가 무슨 말을 하는지 이해하기가 어렵다는 걸 알았다.

해석 소방관의 주요 의무는 불을 끄는 것이다.

해석 내 꿈은 의사가 되는 것이다.

2. be to 용법

be 동사 뒤의 to부정사는 be to 용법으로 쓰일 수 있고 예정, 의무, 의도, 가능, 운명의 의미를 지닌다.

예 She is to be married next month.

분석 be 동사 뒤의 to부정사는 be to 용법으로 쓰일 수 있고 예정, 의무, 의도, 가능, 운명의 의미를 지닌다.

해석 그녀는 다음 달에 결혼하게 되어 있다.

예 Students are to study English hard.

분석 be 동사 뒤의 to부정사는 be to 용법으로 쓰일 수 있고 예정, 의무, 의도, 가능, 운명의 의미를 지닌다.

해석 학생들은 영어를 열심히 공부해야 한다.

예 If you are to succeed in life, you have to keep learning.

분석 be 동사 뒤의 to부정사는 be to 용법으로 쓰일 수 있고 예정, 의무, 의도, 가능, 운명의 의미를 지닌다.

해석 인생에서 성공하려면, 계속 배워야 한다.

예 No one was to be seen on the street.

분석 be 동사 뒤의 to부정사는 be to 용법으로 쓰일 수 있고 예정, 의무, 의도, 가능, 운명의 의미를 지닌다.

해석 거리에 사람이 한 명도 없었다.

예 She was to meet him in the end.

분석 be 동사 뒤의 to부정사는 be to 용법으로 쓰일 수 있고 예정, 의무, 의도, 가능, 운명의 의미를 지닌다.

해석 그녀는 그를 결국 만날 운명이었어.

출제포인트 03

to부정사의 형용사 역할

1 수식받는 명사가 to부정사의 의미상의 주어

to부정사의 수식을 받는 명사가 to부정사의 의미상의 주어가 될 수 있다.

> 예 She is a friend **to help me**.
> 분석 명사(의미상 S) ← 수식 ← 형용사 역할
>
> 예 The woman **to cook** in the kitchen is my sister.
> 분석 to부정사의 수식을 받는 명사가 to부정사의 의미상의 주어가 될 수 있다.

해석 그녀는 나를 도와줄 친구이다.

해석 부엌에서 요리하고 있는 여자는 내 여동생이다.

2 수식받는 명사가 to부정사의 의미상의 목적어

to부정사의 수식을 받는 명사가 to부정사의 의미상의 목적어일 때 to부정사 뒤의 목적어는 생략한다. 주의할 점은 자동사일 때 적절한 전치사가 제대로 쓰였는지 확인하는 것이다.

> 예 I want something **to drink**.
> 분석 명사 ← 의미상 목적어 ← 형용사 역할
>
> 예 I need a chair **to sit on**.
> 분석 명사 ← 의미상 목적어 ← 형용사 역할

해석 나는 마실 것을 원한다.

해석 나는 앉을 의지가 필요하다.

to부정사 뒤에 전치사에 주의할 표현			
살 집	a house to live <u>in</u> ∅	두려워할 것이 없는	nothing to be afraid <u>of</u> ∅
앉을 의자	a chair to sit <u>on</u> ∅	불평할 게 없는	nothing to complain <u>of</u> ∅
먹고 살 돈	money to live <u>on</u> ∅	가지고 놀 장난감	a toy to play <u>with</u> ∅
쓸 종이	paper to write <u>on</u> ∅	뛰어놀 정원	a garden to play <u>in</u> ∅
의지할 사람	a person to rely <u>on</u> ∅ a person to depend <u>on</u> ∅	쓸 펜	a pen to write <u>with</u> ∅

> **해석**
> 먹을 식물이 없다면, 동물들은 그들의 서식지에서 떠나야만 한다.

예 Without plants to eat, animals must leave their habitat.
분석 to부정사의 수식을 받는 명사가 to부정사의 의미상의 목적어일 때 to부정사 뒤의 목적어는 생략한다.

> **해석**
> 나는 예산이 빠듯해서 쓸 돈이 15달러 밖에 없다.

예 I am on a tight budget so that I have only fifteen dollars to spend.
분석 to부정사의 수식을 받는 명사가 to부정사의 의미상의 목적어일 때 to부정사 뒤의 목적어는 생략한다.

> **해석**
> 의지할 수 있는 단 한 사람은 나의 영어 선생님이다.

예 The only person to depend on is my English teacher.
분석 to부정사의 수식을 받는 명사가 to부정사의 의미상의 목적어일 때 to부정사 뒤의 목적어는 생략한다. 주의할 점은 자동사일 때 전치사가 제대로 쓰였는지 확인하는 것이다.

> **해석**
> 그 아이들은 뛰어놀 정원이 있다.

예 The children have the garden to play in.
분석 to부정사의 수식을 받는 명사가 to부정사의 의미상의 목적어일 때 to부정사 뒤의 목적어는 생략한다. 주의할 점은 자동사일 때 전치사가 제대로 쓰였는지 확인하는 것이다.

> **해석**
> 두려워할 건 아무것도 없다.

예 There's nothing to be afraid of.
분석 to부정사의 수식을 받는 명사가 to부정사의 의미상의 목적어일 때 to부정사 뒤의 목적어는 생략한다. 주의할 점은 자동사일 때 전치사가 제대로 쓰였는지 확인하는 것이다.

3 수식받는 명사가 to부정사와 동격

추상 명사를 to부정사가 수식할 때 to부정사는 동격의 의미를 지닌다.

reason to부정사	chance to부정사	plan to부정사	attempt to부정사
opportunity to부정사	effort to부정사	way to부정사	ability to부정사

> **해석**
> 항구 폐쇄에 대한 정부의 계획이 격렬한 항의를 유발했다.

예 Government plans to close the harbor provoked a storm of protest.
분석 명사 뒤에 to부정사가 와서 명사를 수식해 주는 형용사 역할을 한다.

> **해석**
> 나는 그녀의 완전한 성실성을 의심할 이유가 있다.

예 I have the reason to doubt her complete integrity.
분석 명사 뒤에 to부정사가 와서 명사를 수식해 주는 형용사 역할을 한다.

출제포인트 04

to부정사의 부사 역할

1 종류

1. 목적

(1) '~하기 위해서'

(2) to부정사, in order to부정사, so as to부정사

2. 정도

(1) '~하기에'

(2) 형용사 + to부정사

3. 결과

(1) grow up to부정사 '자라서 ~하다'

(2) live to부정사 '살다 보니 ~하다'

(3) wake to부정사 '깨어보니 ~하다'

(4) only to부정사 '결국 ~하다'

(5) never to부정사 '~하지 못하다'

4. 감정의 원인

(1) '~해서'

(2) 감정 형용사 + to부정사

5. 이유나 판단의 근거

(1) '~하다니'

(2) 추측을 뜻하는 조동사 + to부정사

(3) 감탄문 + to부정사

2 특징

시험에서는 주로 다양한 부사적 용법의 뜻을 물어보는 문제가 출제되고 있다.

예 She got up early to catch the first train.
분석 to부정사는 '~하기 위해서'라는 의미의 to부정사의 부사적 용법의 표현이다.

예 Teamwork is required in order to achieve these aims.
분석 in order to부정사는 '~하기 위해서'라는 의미의 to부정사의 부사적 용법의 표현이다.

예 We went early so as to get good seats.
분석 so as to부정사는 '~하기 위해서'라는 의미의 to부정사의 부사적 용법의 표현이다.

예 The water is good to drink.
분석 to부정사의 부사적 용법으로 형용사를 수식하는 to부정사는 '~하기에'라는 의미이다.

예 The man grew up to be a famous star.
분석 'grow up to부정사'는 to부정사의 부사적 용법으로 결과적인 의미를 지닌다.

예 Visitors were disappointed to find the museum closed.
분석 to부정사의 부사적 용법으로 감정 형용사와 함께 쓰이는 to부정사는 감정의 원인을 나타낸다.

예 He must be out of his head to say so.
분석 to부정사의 부사적 용법으로 추측의 조동사와 함께 쓰이는 to부정사는 판단의 근거를 나타낸다.

예 He cannot be a good student to do such a thing.
분석 to부정사의 부사적 용법으로 추측의 조동사와 함께 쓰이는 to부정사는 판단의 근거를 나타낸다.

예 Our team came off an impressive win only to face another difficult test on the road.
분석 to부정사의 부사적 용법으로 only to부정사는 '결국~하다'라는 의미로 쓰인다.

예 Many leave their home as they would on any given day never to return.
분석 to부정사의 부사적 용법으로 never to부정사는 '~하지 못하다'라는 의미로 쓰인다.

해석
그녀는 첫기차를 타기 위해서 일찍 일어났다.

해석
이러한 목표를 달성하기 위해서 팀워크가 요구된다.

해석
우리는 좋은 자리를 잡기 위해서 일찍 갔다.

해석
그 물은 마시기에 좋다.

해석
그 남자는 자라서 유명한 스타가 되었다.

해석
방문객은 박물관이 닫혀있는 것을 발견해서 실망했다.

해석
그가 그렇게 말하다니 제정신이 아닌 게 틀림없다.

해석
그는 그런 일을 할 만한 좋은 학생이 될 수 없다.

해석
우리 팀은 인상적인 승리를 했으나 결국 도중의 또 다른 어려운 시험에 직면하게 되었다.

해석
많은 사람들은 그들이 어느 날에 그랬던 것처럼 그들의 집을 떠났지만 결코 돌아오지 못했다.

출제포인트 05 to부정사의 동사적 성질

1 의미상 주어

1. to부정사의 의미상의 주어가 문장의 주어나 목적어와 일치하는 경우 따로 표시하지 않는다.
2. to부정사의 의미상의 주어가 문장의 주어나 목적어와 일치하지 않을 때는 원칙적으로 to부정사의 의미상 주어는 to부정사 앞에 'for 목적격'으로 표시한다.
3. 단, 인성형용사가 있는 구문에서는 to부정사 앞에 'of 목적격'으로 표시한다.

인성 형용사
kind, wise, good, thoughtful, considerate, prudent, sensible, nice, generous, polite, careful, careless, foolish, stupid, silly, rude

예 I should buy a book for my son to read.
분석 to부정사의 의미상의 주어는 'for 목적격'으로 쓴다.

해석 나는 내 아들이 읽을 책을 한 권 사야 한다.

예 It is foolish of you to do such a thing.
분석 to부정사의 의미상의 주어는 'for 목적격'으로 쓰지만 인성형용사가 있는 경우에는 'of 목적격'으로 쓴다.

해석 그런 짓을 하다니 너는 어리석다.

예 It's thoughtful of him to remember the names of every member in our firm.
분석 to부정사의 의미상의 주어는 'for 목적격'으로 쓰지만 인성형용사가 있는 경우에는 'of 목적격'으로 쓴다.

해석 우리 회사의 모든 구성원의 이름을 기억하다니 그는 사려 깊다.

예 It is stupid of her to make that mistake.
분석 to부정사의 의미상의 주어는 'for 목적격'으로 쓰지만 인성형용사가 있는 경우에는 'of 목적격'으로 쓴다.

해석 그런 실수를 하다니 그녀는 어리석다.

2 시제와 태

	태 / 시제	능동 [자동사] [타동사 + 목적어]	수동 [타동사 + ∅]
to부정사의 시제와 태	단순 [본동사의 시제와 같거나 그 이후의 시제]	to 동사원형	to be p.p.
	완료 [본동사의 시제보다 앞선 시제]	to have p.p.	to have been p.p.

해석
그가 전쟁에서 죽은 것으로 전해지고 있다.

해석
그는 어제 도둑을 맞았다고 주장한다.

해석
그녀는 젊었을 때 예뻤던 것 같다.

해석
그는 작년에 아팠던 것 같다.

> 예 He is reported **to have been killed** in the war.
> 분석 본동사의 시제는 현재시제 is이고 to부정사가 발생한 시제는 in the war로 미뤄보아 과거시제이므로 이런 경우에는 시제 차이를 나타내기 위해서 to부정사를 완료형으로 써야 한다.
>
> 예 He claims **to have been robbed** yesterday.
> 분석 본동사의 시제는 현재시제 claims이고 to부정사가 발생한 시제는 yesterday로 미뤄보아 과거시제이므로 이런 경우에는 시제 차이를 나타내기 위해서 to부정사를 완료형으로 써야 한다.
>
> 예 She seems **to have been** pretty when young.
> 분석 본동사의 시제는 현재시제 seems이고 to부정사가 발생한 시제는 when young으로 미뤄보아 과거시제이므로 이런 경우에는 시제 차이를 나타내기 위해서 to부정사를 완료형으로 써야 한다.
>
> 예 He seems **to have been** sick last year.
> 분석 본동사의 시제는 현재시제 seems이고 to부정사가 발생한 시제는 last year으로 미뤄보아 과거시제이므로 이런 경우에는 시제 차이를 나타내기 위해서 to부정사를 완료형으로 써야 한다.

3 to부정사의 부정

to부정사를 부정할 때는 to부정사 앞에 not, never를 쓴다.
→ not/never to부정사

해석
방에 너무 많은 색을 들여오지 않도록 조심하라.

> 예 Take care not **to bring** too many colors into a room.
> 분석 to부정사의 부정은 not to부정사로 쓴다.

출제포인트 **06**

다양한 to부정사 구문

1 too 형용사[부사] to부정사

1. ~하기에 너무 …한, 너무 ~해서 …할 수 없다
2. to부정사의 목적어와 그 절의 주어가 같을 때 to부정사 뒤의 목적어는 생략한다.
3. too 형용사(부사) to부정사 구문에서 too를 so로 쓰지 않는다.

> 예 He strained with all his might, but the box was too heavy for him to lift.
> 분석 'too 형/부 to부정사' 구문에서 to부정사의 목적어가 그 절의 주어와 같으면 to부정사 뒤의 목적어를 생략한다.
>
> 예 He was too distracted by a text message to know that he was going over the speed limit.
> 분석 'too 형용사/부사 to부정사' 구문을 so 형용사/부사 to부정사로 쓰면 안 된다.
>
> 예 The rings of Saturn are too distant to be seen from Earth without telescope.
> 분석 'too 형용사/부사 to부정사' 구문을 so 형용사/부사 to부정사로 쓰면 안 된다.

해석
그는 온 힘을 다했지만 상자가 너무 무거워서 그는 상자를 들 수가 없었다.

해석
그는 문자 메시지에 너무 정신이 팔려서 제한속도보다 빠르게 달리고 있다는 것을 몰랐다.

해석
토성의 고리는 너무 멀리 있어서 망원경 없이는 지구에서 볼 수 없다.

2 have no choice[option, alternative] but to부정사

1. ~할 수밖에 없다, ~하지 않을 수 없다
2. = cannot help -ing
   = cannot but 동사원형
   = cannot help but 동사원형
   = cannot choose but 동사원형

> 예 The company has no choice but to increase prices due to rising production costs.
> 분석 'have no choice[option, alternative] but to부정사'는 '~할 수밖에 없다, ~하지 않을 수 없다'라는 의미로 쓰인다.

해석
생산 비용 상승으로 인해 회사는 가격을 인상할 수밖에 없습니다.

찐팁
가주어(it) 대신에 that이나 time을 주어로 쓰지 않는다.

3 it takes+(사람)+시간+to부정사

1. ~하는 데 시간이 …걸리다

2. = it takes + 시간 + (for 사람) + to부정사

> 예 It will take at least a month to complete the project.
> 분석 'it takes 시간 to부정사'는 '~하는 데 시간이 …걸리다'라는 의미로 쓰인다.
>
> 예 It took me 40 years to write my first book.
> 분석 'It takes 사람 시간 to부정사'는 '사람이 ~하는 데 시간이 …걸리다'라는 의미로 쓰인다.

해석
그 프로젝트를 완성하는 데는 적어도 한 달은 걸릴 것이다.

해석
나의 첫 번째 책을 쓰는 데 40년이 걸렸다.

4 the last man(person) to부정사

1. ~할 사람이 아니다, ~할 정도로 어리석지 않다

2. = know better than to부정사

= be above -ing

= be far from ~ing

> 예 He is the last person to deceive you.
> 분석 'the last man(person) to부정사'는 '~할 사람이 아니다'라는 의미로 쓰인다.
>
> 예 Politicians should know better than to remark on matters.
> 분석 'know better than to부정사'는 '~할 사람이 아니다'라는 의미로 쓰인다.

해석
그는 결코 당신을 속일 사람이 아니다.

해석
정치인들은 그 문제에 대해 언급할 만큼 어리석지 않다.

5 난이 형용사(=easy, hard, tough, difficult) 구문

1. It be동사 + 난이 형용사 + (for 목적어) + to부정사

2. to부정사의 목적어 + be동사 + 난이 형용사+ (for 목적어) + to부정사(∅)

> 예 It is very easy (for them) to learn English.
> = English is very easy (for them) to learn.
> 분석 난이형용사 구문은 to부정사의 목적어가 문장의 주어인 it자리로 이동할 수 있다.

해석
(그들이) 영어를 배우는 것은 매우 쉽다.

6 형용사[부사] enough to부정사

1. ~하기에 충분히 형용사[부사]하다.

2. 어순이 중요하다.

> 예 We were fortunate enough to visit the Grand Canyon.
> 분석 형용사/부사 enough to부정사로 쓴다.

해석
우리는 운이 좋게도 그랜드캐니언을 방문할 수 있었다.

7 not to mention

1. ~은 말할 것도 없이
2. = not to speak of
   = to say nothing of
   = let alone

> 예 She does not like going outdoor, not to mention mountain climbing.
> 분석 'not to mention'은 '말할 것도 없이'라는 의미로 쓰인다.

해석
그녀는 등산은 말할 것도 없고, 야외에 나가는 것을 좋아하지 않는다.

8 (be) used to 구문

1. 사물주어 + be used to부정사 '~하기 위해서 사용되다'
2. 사람주어 + be used to ~ing '~하는 데 익숙하다'
3. 사람/사물주어 + used to 동사원형 '~하곤 했다'

> 예 She is used to living alone.
> 분석 '사람주어 be used to 동명사'는 '~하는 데 익숙하다'라는 의미로 쓰인다.
>
> 예 They used to love books much more.
> 분석 'used to부정사'는 '~하곤 했다'라는 의미로 쓰인다.

해석
그녀는 혼자 사는 데 익숙하다.

해석
그들은 책을 훨씬 더 좋아하곤 했다.

해설 및 해석 ☞ 네이버 카페 '진가영 영어연구소' 에서 확인

LEVEL-UP 연습문제 01 밑줄 친 부분이 어법상 옳으면 O, 옳지 않으면 X하고 올바르게 고치시오.

01 All that he has to do is <u>apologize</u> sincerely for his mistake.

02 She heard him <u>call</u> their names in the garden.

03 They pretended to be pirates in their <u>make it believe</u> adventure.

04 We tried <u>to meet</u> her at the airport, but our flight got delayed.

05 We stopped <u>to ask</u> for directions on our road trip.

06 I <u>found</u> difficult to understand what he meant by his remarks.

07 She couldn't find a <u>reason to stay</u> at the party any longer.

08 It was generous <u>of the company</u> to donate to the local food bank.

09 They had no choice but <u>cancel</u> the event due to bad weather.

10 She was <u>enough strong</u> to lift the heavy box by herself.

LEVEL-UP 연습문제01 정답

01 O
02 O
03 X make believe
04 O
05 O
06 X found it
07 O
08 O
09 X to cancel
10 X strong enough

해설 및 해석 ☞ 네이버 카페 '진가영 영어연구소'에서 확인

LEVEL-UP 연습문제 02 밑줄 친 부분에 들어갈 말로 가장 적절한 것은?

01 The children ______________ junk food when their parents are away.

① do nothing but to eat
② do nothing but eat
③ do not but eat
④ do nothing but eating

02 The teacher ______________ the students that the field trip had to be canceled.

① regretting to inform
② to regretting inform
③ regretted to inform
④ to regret informing

03 The students ______________ in extracurricular activities.

① believed it beneficial that participate
② believed it beneficial to participate
③ believed beneficial it to participate
④ believed beneficial to participate

04 They are struggling to budget their expenses with enough ______________.

① money to live
② moneys to live
③ money to live on
④ to live money on

05 They ______________ expired food from the refrigerator.

① know better eating
② know better to eat
③ know better than eat
④ know better than to eat

LEVEL-UP 연습문제02 정답

01 ② 02 ③ 03 ② 04 ③ 05 ④

New Trend
단기합격 길라잡이

진가영 영어
단기합격 문법
All In One

진가영 영어연구소 | cafe.naver.com/easyenglish7

PART

04

조동사와 조동사를 활용한 구문

CHAPTER

10 조동사

신경향 학습 전략

- 2025년 출제 기조 전환에 따라 공무원 영어 시험에 토익과 텝스 그리고 수능 시험이 반영될 예정이므로 이러한 시험들에서 지속적으로 출제되고 있는 **조동사 문제에 관한 출제포인트**를 학습한다.
- 공무원 시험에서는 **당위성을 나타내는 should의 용법**과 **조동사**를 **포함한 표현**이 자주 출제되었기 때문에 이 부분에 초점을 맞춰서 학습한다.
- 본동사를 도와주는 동사인 조동사는 여러 가지 종류가 존재하지만, **시험에 나오는 중요한 조동사**는 정해져 있다. 따라서 다양한 조동사들의 세부적인 뜻과 의미를 구분하기보다는 **자주 출제되는 조동사들의 개념과 용법**을 제대로 학습한다.

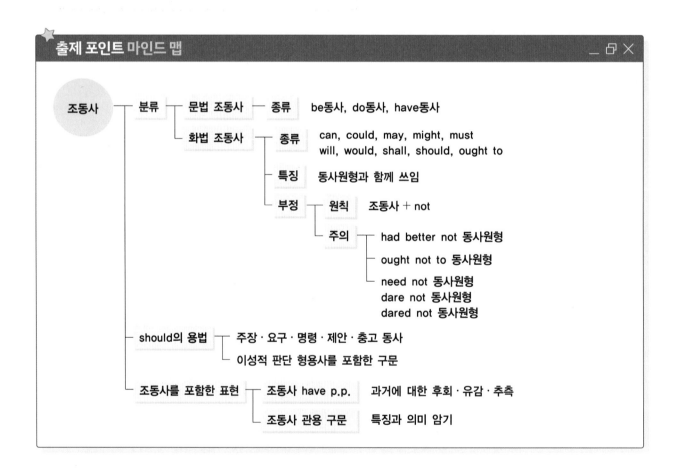

출제 포인트 마인드 맵

- 조동사
  - 분류
    - 문법 조동사 — 종류: be동사, do동사, have동사
    - 화법 조동사
      - 종류: can, could, may, might, must, will, would, shall, should, ought to
      - 특징: 동사원형과 함께 쓰임
      - 부정
        - 원칙: 조동사 + not
        - 주의
          - had better not 동사원형
          - ought not to 동사원형
          - need not 동사원형 / dare not 동사원형 / dared not 동사원형
  - should의 용법
    - 주장 · 요구 · 명령 · 제안 · 충고 동사
    - 이성적 판단 형용사를 포함한 구문
  - 조동사를 포함한 표현
    - 조동사 have p.p. — 과거에 대한 후회 · 유감 · 추측
    - 조동사 관용 구문 — 특징과 의미 암기

2025 출제 예상 문제

Q 다음 밑줄 친 부분 중 어법상 옳지 않은 것은?

Given the increasing sophistication of cyber threats, it is imperative that the IT department ① implements the security updates immediately to protect our systems from potential breaches. Last month, several companies in our industry experienced significant data breaches ② due to outdated security protocols. ③ To avoid similar vulnerabilities, our IT team must prioritize the deployment of the latest security patches. Additionally, regular system audits and staff training on cybersecurity best practices ④ are required to maintain our defense against cyber attacks.

해석
사이버 위협의 정교함이 증가함에 따라, 잠재적인 침해로부터 우리의 시스템을 보호하기 위해 IT 부서가 보안 업데이트를 즉시 시행하는 것이 필수적이다. 지난달, 우리 업계의 여러 회사들이 오래된 보안 프로토콜로 인해 심각한 데이터 침해를 경험했다. 유사한 취약점을 피하기 위해, 우리의 IT 팀은 최신 보안 패치의 배포를 우선시해야 한다. 또한, 정기적인 시스템 감사와 사이버 보안 모범 사례에 대한 직원 교육이 사이버 공격에 대한 우리의 방어를 유지하기 위해 요구된다.

자가진단

01 조동사는 본동사를 문법적으로 또는 의미적으로 도와주는 표현으로 문법 조동사와 (화)법 조동사로 나눠지며 (화)법 조동사 뒤에는 ❶ ______________이 나온다.

02 특정 조동사는 ❷ __________의 위치에 주의해야 하므로 조동사의 부정형이 올바르게 쓰였는지 확인한다.

03 주장 · 요구 · 명령 · 제안 · 충고 동사 뒤의 that절의 동사는 ❸ '_____________'으로 쓴다.

04 이성적 판단 형용사가 that절을 이끌 때 that절의 동사는 ❹ '__________'으로 쓴다.

05 조동사 have p.p.는 과거에 대한 ❺ ________나 ________ 또는 ________의 의미를 지니며 해석이 중요하다.

06 'should have p.p.'는 ❻ '_________________'라는 의미로 해석한다.

07 'must have p.p.'는 ❼ '_________________'라는 의미로 해석한다.

08 'cannot have p.p.'는 ❽ '________________'라는 의미로 해석한다.

2025 출제 예상 문제 정답 및 해설

정답 ①

해설 이성적 판단 형용사가 that절을 이끌 때 that절의 동사는 '(should) 동사원형'으로 쓰므로 implements를 implement로 고쳐야 한다.

자가진단 정답

❶ 동사원형 ❷ not ❸ (should) 동사원형 ❹ (should) 동사원형
❺ 후회, 유감, 추측 ❻ ~했어야 했다 ❼ ~했음이 틀림없다 ❽ ~했을 리가 없다

출제포인트 01

조동사의 기본

1 조동사의 분류

구분	조동사	용법
문법 조동사	be동사	진행시제, 수동태
	have동사	완료시제
	do동사	일반동사의 의문문, 부정문, 도치구문, 대동사
(화)법 조동사	can	능력, 허가, 가능성, 부정적 추측[cannot]
	could	can의 과거형, 허가 또는 요청, 추측
	may	허가, 추측, 소망, 희망(격식), 양보절, 목적절
	might	may의 과거형, 추측
	must	의무, 추측, 금지[must not]
	will	단순미래, 주어 의지, 추측
	would	will의 과거, 정중한 부탁, 과거의 반복된 동작, 추측
	shall	1인칭(I/we) 단순미래, 상대방의 의사와 의견을 물음
	should	shall의 과거형, 의무, 가능성, 가정
	ought to	의무, 추측, 가능성

예 I **was buying** groceries when I received the urgent phone call.
분석 문법 조동사

해석 내가 긴급 전화를 받았을 때 장을 보고 있었다.

예 All the necessary safety measures **were taken** during the construction.
분석 문법 조동사

해석 건설 중에 모든 필요한 안전 조치가 취해졌다.

예 **Do** you understand the new company policies?
분석 문법 조동사

해석 당신은 새로운 회사 정책을 이해하십니까?

예 She **does** not attend the weekly team meetings.
분석 문법 조동사

해석 그녀는 매주 열리는 팀 회의에 참석하지 않는다.

예 We **have prepared** all the necessary documents for the upcoming meeting.
분석 문법 조동사

해석 우리는 다가오는 회의를 위해 필요한 모든 문서를 준비했다.

예 She **will** start her new job next Monday.
분석 화법 조동사

해석 그녀는 다음 주 월요일에 새 일을 시작할 것이다.

예 We **might** go to the beach if the weather improves.
분석 화법 조동사

해석 날씨가 좋아지면 우리는 해변에 갈 수도 있다.

2 조동사의 이해

1. 특징

(1) 조동사는 본동사를 문법적으로 또는 의미적으로 도와주는 표현으로 문법 조동사와 (화)법 조동사로 나눠지며 (화)법 조동사 뒤에는 동사원형이 나온다.

(2) 특정 조동사와 not의 위치에 주의해야 하므로 조동사의 부정형이 올바르게 쓰였는지 확인한다.

2. not의 위치에 주의할 조동사

조동사 부정	조동사 + not 예 should not, must not, will not
	had better not 동사원형, ought not to 동사원형
	need not 동사원형, dare not 동사원형, dared 동사원형

예 He may have missed his train.
분석 조동사 뒤에 동사원형을 쓴다.

예 Such things ought not to be allowed.
분석 ought not to부정사로 쓴다.

예 You had better not give an extreme case.
분석 had better not 동사원형으로 쓴다.

예 Cars must not park in front of the entrance.
분석 must not 동사원형으로 쓴다.

해석
그가 기차를 놓쳤는지도 모른다.

해석
그런 일은 허용되어서는 안 된다.

해석
극단적인 예는 들지 않는 것이 좋을 것이다.

해석
입구 앞에는 차를 주차하면 안 된다.

출제포인트 **02**

조동사 should의 용법

1 주장 · 요구 · 명령 · 제안 · 충고 동사

주장 · 요구 · 명령 · 제안 · 충고 동사 뒤의 that절의 동사는 '(should) 동사원형'으로 쓴다.

demand	요구하다	that 주어 (should) 동사원형
command	명령하다	
recommend	권하다, 충고하다	
order	명령하다	
ask	요구하다	
urge	권하다, 충고하다	
require	요구하다	
request	요구하다	
insist	주장하다	
suggest	제안하다	
propose	제안하다	
mandate	명령하다	

예 Citizens demanded that the police box not be closed.
분석 주장, 요구, 명령, 제안, 충고 동사 뒤의 that절의 동사는 '(should) 동사원형'으로 쓴다.

해석 시민들은 그 파출소가 폐쇄되어서는 안 된다고 요구했다.

예 She requested that he stay longer for dinner.
분석 주장, 요구, 명령, 제안, 충고 동사 뒤의 that절의 동사는 '(should) 동사원형'으로 쓴다.

해석 그녀는 그가 저녁 식사를 위해 좀 더 머물 것을 요청했다.

예 The judge ordered that the prisoner be remanded.
분석 주장, 요구, 명령, 제안, 충고 동사 뒤의 that절의 동사는 '(should) 동사원형'으로 쓴다.

해석 그 판사는 죄수가 재구속되어야 한다고 명령했다.

예 My family doctor suggested to me that I should take a walk every day.
분석 주장, 요구, 명령, 제안, 충고 동사 뒤의 that절의 동사는 '(should) 동사원형'으로 쓴다.

해석 우리 가족 주치의는 나에게 매일 산책을 하라고 권했다.

2 이성적 판단 형용사

이성적 판단 형용사가 that절을 이끌 때 동사를 '(should) 동사원형'으로 쓴다.

It be	important	중요한	that 주어 (should) 동사원형
	vital	필수적인	
	imperative	의무적인	
	natural	당연한	
	necessary	필요한	
	desirable	바람직한	
	essential	필수적인	

예 It is natural that a worker seek an increase in wages and short working hours.

분석 이성적 판단 형용사가 that절을 이끌 때 동사를 '(should) 동사원형'으로 쓴다.

예 It is essential that every employee wear protective gear.

분석 이성적 판단 형용사가 that절을 이끌 때 동사를 '(should) 동사원형'으로 쓴다.

해석
근로자가 임금 인상과 단시간 근로를 추구하는 것은 당연하다.

해석
모든 직원들이 보호장비를 착용하는 것은 필수적이다.

PART 04

출제포인트 03

조동사를 포함한 표현

1 조동사 have p.p.

찐팁 조동사 have p.p.
과거에 대한 후회나 유감 또는 추측을 나타낸다.

should have p.p. ought to have p.p.	~했어야 했다
should not have p.p. ought not to have p.p.	~하지 말았어야 했다
must have p.p.	~했음이 틀림없다
cannot have p.p.	~했을 리가 없다
may(might) have p.p.	~했을지도 모른다
would have p.p.	~했을 것이다
could have p.p.	~했을 수도 있다
need not have p.p.	~할 필요가 없었다

예 Thomas should have apologized earlier.
분석 should have p.p.는 '~했어야 했다'라는 의미이다.

해석 Thomas는 더 일찍 사과했어야 했다.

예 Something must have happened to Peter.
분석 must have p.p.는 '~했음이 틀림없다'라는 의미이다.

해석 Peter에게 뭔가 일이 있었음이 틀림없다.

예 He cannot have done such a stupid thing.
분석 cannot have p.p.는 '~했을 리가 없다'라는 의미이다.

해석 그가 그렇게 어리석은 짓을 했을 리가 없다.

예 You ought not to have left the office so late; it was unsafe.
분석 ought not to have p.p.는 '~하지 말았어야 했다'라는 의미이다.

해석 그렇게 늦게 사무실을 떠났어서는 안되었다. 그것은 안전하지 않았다.

예 You need not have brought so much food; there is plenty already.
분석 need not have p.p.는 '~할 필요가 없었다'라는 의미이다.

해석 그렇게 많은 음식을 가져올 필요는 없었다; 이미 충분히 있다.

2 조동사 관용 구문

cannot ~ too 형용사/부사 cannot ~ enough cannot ~ over 동사	아무리 ~해도 지나치지 않다
cannot (help/choose) but 동사원형 cannot help ~ing have no choice[alternative/option] but to부정사	~할 수밖에 없다 ~하지 않을 수 없다
would rather A (than B) may as well A (as B)	(B보다) A가 낫다
may well 동사원형	당연하다, 아마 ~일 것이다

찐팁 A와 B는 주로 동사원형이 쓰인다.

예 You cannot be too careful when you choose your job.

분석 cannot ~ too 형용사/부사는 '아무리 ~해도 지나치지 않다'라는 의미의 조동사 관용 구문이다.

해석 당신은 직업을 선택할 때 아무리 신중해도 지나치지 않다.

예 The hazard of second-hand smoking cannot be overemphasized.

분석 cannot ~ over동사는 '아무리 ~해도 지나치지 않다'라는 의미의 조동사 관용 구문이다.

해석 간접흡연의 위험성은 아무리 강조해도 지나치지 않다.

예 She couldn't help laughing in her heart when she saw it.

분석 cannot help ~ing는 '~할 수밖에 없다, ~하지 않을 수 없다'라는 의미의 조동사 관용 구문이다.

해석 그녀는 그것을 보고 마음속으로 웃지 않을 수 없었다.

예 On the issues raised, I cannot but be impressed deeply by your clear analysis.

분석 cannot (help/choose) but 동사원형은 '~할 수밖에 없다, ~하지 않을 수 없다'라는 의미의 조동사 관용 구문이다.

해석 제기된 문제들에 대해, 나는 당신의 명확한 분석에 깊은 감명을 받지 않을 수 없다.

예 With no seat at the table, the man had no choice but to stand there.

분석 have no choice[alternative/option] but to부정사는 '~할 수밖에 없다, ~하지 않을 수 없다'라는 의미의 조동사 관용 구문이다.

해석 그 테이블에 좌석이 없어서 그 남자는 거기에 서 있을 수밖에 없었다.

예 I would rather work from home than commute to the office every day.

분석 would rather A than B는 'B보다 A가 낫다'라는 의미의 조동사 관용 구문이다.

해석 나는 매일 사무실로 통근하는 것보다 집에서 일하는 것을 선호한다.

예 Since it's raining, we may as well stay indoors and watch a movie.

분석 may as well 동사원형은 '~하는게 낫다'라는 의미의 조동사 관용 구문이다.

해석 비가 오고 있으니 집에 머물며 영화를 보는 것이 좋을 것 같다.

예 The new policy may well lead to improved employee satisfaction.

분석 may well 동사원형은 '당연하다, 아마 ~일 것이다'라는 의미의 조동사 관용 구문이다.

해석 새로운 정책이 직원 만족도를 향상시킬 가능성이 크다.

해설 및 해석 ☞ 네이버 카페 '진가영 영어연구소' 에서 확인

LEVEL-UP 연습문제 01 밑줄 친 부분이 어법상 옳으면 O, 옳지 않으면 X하고 올바르게 고치시오.

01 They can <u>going</u> outside to play after finishing their homework.

02 They had better not <u>underestimate</u> the importance of teamwork.

03 They proposed that the government <u>invested</u> more in education.

04 The teacher recommended that students <u>study</u> for at least an hour every day.

05 He suggested that every attendee <u>should take</u> a break before continuing the discussion.

06 It is necessary that each member <u>completes</u> the project by next week.

07 <u>It is essential</u> that we should follow the safety guidelines.

08 They <u>should have notified</u> us about the schedule change in advance.

09 Applicants cannot be <u>too enough thorough</u> in preparing for the presentation.

10 The manager <u>may well opted</u> to invest in renewable energy technologies.

LEVEL-UP 연습문제01 정답

01 ☒ go	02 ○
03 ☒ (should) invest	04 ○
05 ○	06 ☒ (should) complete
07 ○	08 ○
09 ☒ too thorough	10 ☒ may well opt

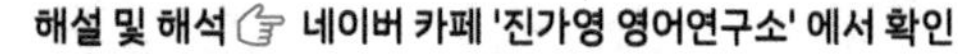

해설 및 해석 네이버 카페 '진가영 영어연구소' 에서 확인

LEVEL-UP 연습문제 02 밑줄 친 부분에 들어갈 말로 가장 적절한 것은?

01 We ____________ when it comes to paying our bills on time.

① not ought to procrastinate
② ought not procrastinate
③ ought not to procrastinated
④ ought not to procrastinate

02 The doctor urged that ____________ more vegetables and exercise regularly.

① should eat
② eatting
③ we would eat
④ we should eat

03 They ____________ him with their secret; he betrayed their confidence.

① should not have trusted
② should not have trusting
③ should trust
④ should have trusted

04 The law mandates that imported goods ____________ thoroughly before entering the domestic market.

① will be inspected
② be inspected
③ are inspected
④ inspect

05 The agency would rather enforce stricter regulations on waste management ____________ increased environmental penalties.

① to face
② face
③ as face
④ than face

PART 04

LEVEL-UP 연습문제02 정답

01 ④ 02 ④ 03 ① 04 ② 05 ④

CHAPTER

11 도치 구문과 강조 구문

신경향 학습 전략

- 2025년 출제 기조 전환에 따라 공무원 영어 시험에 토익과 텝스 그리고 수능 시험이 반영될 예정이므로 이러한 시험들에서 지속적으로 출제되고 있는 **도치 구문**과 **강조 구문**에 관련된 문제에 관한 **출제포인트**를 학습한다.
- 공무원 시험에서는 **다양한 도치 구문**이 출제 되고 있고 **부정부사를 사용한 도치 구문**과 **시제에 주의할 도치 구문**이 중요하게 다뤄졌기 때문에 이 부분에 초점을 맞춰서 학습한다.
- 도치가 발생하기 위해서는 대부분 **문두(문장 처음)나 절두(절 처음)**에 **도치 유발자들**(도치를 만드는 특정한 표현들)이 존재하므로 이 특정 표현들을 학습한다.
- 문장에서 특정 표현을 **강조**하는 방법은 여러 가지가 있지만 공무원 시험에서는 **It be ~ that** 구조를 활용한 강조 구문이 중요하므로 이를 학습한다.

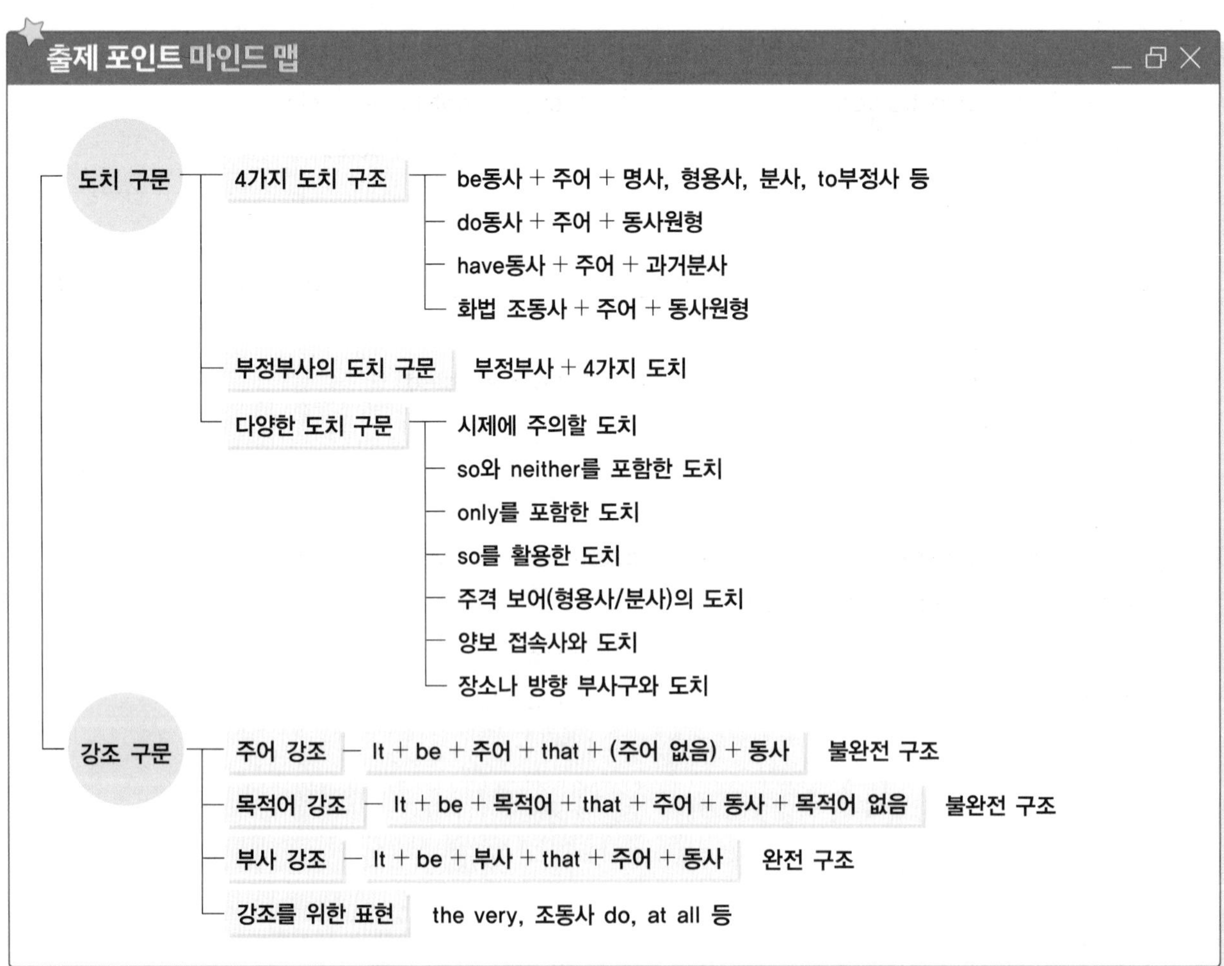

2025 출제 예상 문제

Q 다음 밑줄 친 부분 중 어법상 옳지 않은 것은?

Not until the comprehensive review of all departmental policies is completed ____________________ implemented to ensure consistency and fairness across the board.

① do new regulations will be
② the new regulations will be
③ will the new regulations be
④ was the new regulations

해석
모든 부서의 정책에 대한 포괄적인 검토가 완료되어야만 새로운 규정이 일관성과 공정성을 보장하기 위해 시행될 것이다.

자가진단

01 정치 문장의 어순은 ❶ ____________________이고 도치 문장의 어순은 주로 ❷ ____________________이다.

02 특정 조동사와 ❸ ________의 위치에 주의해야 하므로 조동사의 부정형이 올바르게 쓰였는지 확인한다.

03 부정부사가 문장이나 절 ❹ ________에 쓰이면 뒤에 ❺ ________ 구조를 확인하고, 부정부사는 다른 ❻ ________ 와 겹쳐 쓰지 않으므로 주의한다.

04 ❼『____________ + had 주어 p.p. + when/before 주어 + 과거시제 동사』는 '~하자마자 …했다'라는 의미로 쓰인다.

05 ❽『__________ + had 주어 p.p. + than 주어 + 과거시제 동사』는 '~하자마자 …했다'라는 의미로 쓰인다.

06 ❾『____________________ + 조동사 + 주어 ~』는 '…하고 나서야 (비로소) ~하다'라는 의미로 쓰인다.

07 『(and) ❿ ______ + 조동사+주어』는 긍정문 뒤에서 쓰이고 『(and) ⓫ ______ + 조동사 + 주어』 긍정문 뒤에서 쓰인다.

08 『Only + ⓬ ______________』, 『Only + ⓭ ________________』, 『Only + ⓮ ________________』가 문장 처음에 쓰이면 뒤에 도치 구조를 확인한다.

09 접속사 as는 『as + 주어 + 동사 구조』로 쓰이면 시간이나 이유 등을 의미하는 부사절 접속사로 쓰이지만, '주격 보어'나 '부사' 또는 '원형동사'가 ⓯ __________에 위치한 도치 구조에서는 '비록 ~라도'라는 양보의 의미로 쓰인다.

2025 출제 예상 문제 정답 및 해설

정답 ③

해설 Not until 명사[주어 + 동사]가 문장 처음에 나오면 '조동사 + 주어 ~' 도치 구조로 써야 한다.

자가진단 정답

❶ '주어 + 동사' 순서 ❷ '조동사 + 주어' 순서 ❸ not ❹ 처음
❺ 도치 ❻ 부정부사 ❼ Hardly[Scarcely] ❽ No sooner
❾ Not until 명사[주어 + 동사] ❿ so ⓫ neither
⓬ 부사 ⓭ 전치사 + 명사 ⓮ 접속사 + 주어 + 동사 ⓯ as 앞

출제포인트 **01**

부정부사와 도치 구문

1 문장의 구조

1. 정치 문장 → 주어 + 동사 순서
2. 도치 문장 → 조동사 + 주어 순서

2 도치된 문장의 4가지 형태

1. be + 주어 + 명사, 형용사, 분사 to부정사, 전명구 등
2. do / does / did + 주어 + 동사원형
3. have/ has / had + 주어 + p.p.
4. 화법 조동사+ 주어 + 동사원형

찐팁 화법 조동사에는 can, may, might, will, should 등이 있다.

3 부정부사와 도치

1. 부정부사가 문장이나 절 처음에 쓰이면 뒤에 도치 구조를 확인한다.
2. 부정부사는 다른 부정부사와 겹쳐 쓰지 않으므로 주의한다.

부정부사	도치의 4가지 구조
In no way On no account By no means Under no circumstances Not only No longer Nowhere Never Little Hardly Scarcely Rarely Seldom	be + 주어 + 명사, 형용사, 분사 to부정사, 전명구 등 do / does / did + 주어 + 동사원형 have / has / had + 주어 + p.p. 화법 조동사 + 주어 + 동사원형

예 • Police actions(주어) were(be동사) no longer(부정부사) focused(과거분사) on law enforcement. – 정치 문장
• No longer(부정부사) were(be동사) police actions(주어) focused(과거분사) on law enforcement. – 도치 문장

분석 문장 처음에 부정부사가 나오면 도치 구조를 확인한다.

해석 더이상 경찰의 행동은 법 집행에만 초점을 맞추지 않았다.

예 • I(주어) little(부정부사) dreamed(동사) that he had told a lie. – 정치 문장
• Little(부정부사) did(조동사) I(주어) dream(동사원형) that he had told a lie. – 도치 문장

분석 문장 처음에 부정부사가 나오면 도치 구조를 확인한다.

해석 나는 그가 거짓말을 했을 줄은 꿈에도 몰랐다.

예 • I(주어) have(조동사) never(부정부사) met(과거분사) such a generous man before. – 정치 문장
• Never(부정부사) have(조동사) I(주어) met(과거분사) such a generous man before. – 도치 문장

분석 문장 처음에 부정부사가 나오면 도치 구조를 확인한다.

해석 나는 그렇게 너그러운 남자를 전에 만난 적이 없다.

예 • Strangers(주어) must(조동사) on no account(부정부사) be(동사원형) let in. – 정치 문장
• On no account(부정부사) must(조동사) strangers(주어) be(동사원형) let in. – 도치 문장

분석 문장 처음에 부정부사가 나오면 도치 구조를 확인한다.

해석 낯선 사람은 절대로 들여보내서는 안 된다.

예 Under no circumstances(부정부사) should(조동사) you(주어) leave(동사원형) here.

분석 문장 처음에 부정부사가 나오면 도치 구조를 확인한다.

해석 어떠한 일이 있어도 당신은 이곳을 떠나서는 안 된다.

예 Never again(부정부사) did(조동사) lions(주어) cross(동사원형) Richard's fence.

분석 문장 처음에 부정부사가 나오면 도치 구조를 확인한다.

해석 다시는 사자가 Richard의 울타리를 넘지 못했다.

예 Not only(부정부사) is(be동사) she(주어) modest(형용사), but she is also polite.

분석 문장 처음에 부정부사가 나오면 도치 구조를 확인한다.

해석 그녀는 겸손할 뿐만 아니라 예의도 바르다.

출제포인트 02

다양한 도치 구문

1 시제에 주의할 도치

1. ~하자마자 ~했다

(1) 정치 문장

① 주어 + had hardly [scarcely] p.p. ~ when[before] 주어 + 과거시제 동사

예 He had hardly [scarcely] gone out when[before] it started raining.

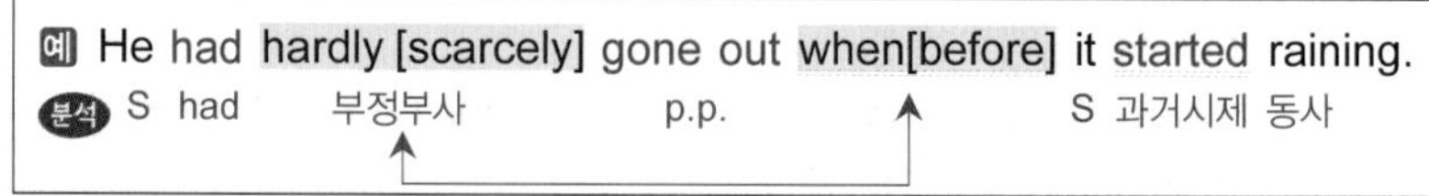

해석 그가 외출하자마자 비가 내리기 시작했다.

② 주어 + had no sooner p.p. ~ than 주어 + 과거시제 동사

예 He had no sooner gone out than it started raining.
분석 S had 부정부사 p.p. S 과거시제 동사

해석 그가 외출하자마자 비가 내리기 시작했다.

(2) 도치 문장

① Hardly[Scarcely] + had 주어 p.p. + when/before 주어 + 과거시제 동사

예 Hardly [scarcely] had he gone out when[before] it started raining.
분석 부정부사 had S p.p. S 과거시제 동사

해석 그가 외출하자마자 비가 내리기 시작했다.

② No sooner had 주어 p.p. than 주어 + 과거시제 동사

예 No sooner had he gone out than it started raining.
분석 부정부사 had S p.p. S 과거시제 동사

해석 그가 외출하자마자 비가 내리기 시작했다.

예
- She had hardly entered the house when someone turned on the light. – 정치 문장
- Hardly had she entered the house when someone turned on the light. – 도치 문장

분석 '하자마자 …했다'는 정치 문장과 도치 문장 모두 알아두자.

해석 그녀가 집에 들어가자마자 누군가가 불을 켰다.

예
- I had no sooner started mowing the lawn than it started raining. – 정치 문장
- No sooner had I started mowing the lawn than it started raining. – 도치 문장

분석 '하자마자 …했다'는 정치 문장과 도치 문장 모두 알아두자.

해석 잔디를 깎기 시작하자마자 비가 내리기 시작했다.

2. …하고 나서야 (비로소) ~하다

(1) 정치 문장

① 주어 + not 동사 ~ until 명사

> 예 He didn't know the fact until yesterday.
> 분석 not 동사 / until 명사

해석 그는 어제야 비로소 그 사실을 알았다.

② 주어 + not 동사 ~ until 주어 + 동사

> 예 He didn't start to paint until he was thirty.
> 분석 not 동사 / until S + V

해석 그는 30살이 되어서야 그림을 그리기 시작했다.

(2) 도치 문장

① Not until 명사 + 조동사 + 주어 ~

> 예 Not until yesterday did he know the fact.
> 분석 Not until 명사 / 조+S

해석 그는 어제야 비로소 그 사실을 알았다

② Not until 주어 + 동사 + 조동사 + 주어 ~

> 예 Not until he was thirty did he start to paint.
> 분석 Not until 주어+동사 / 조+S

해석 그는 30살이 되어서야 그림을 그리기 시작했다.

(3) 강조 문장

① It be not until 명사 + that + 주어+ 동사

> 예 It was not until yesterday that he knew the fact.
> 분석 It be not until 명사 / that+주어+동사

해석 그는 어제야 비로소 그 사실을 알았다.

② It be not until 주어 + 동사 + that + 주어+ 동사

> 예 It was not until he was thirty that he started to paint.
> 분석 It be not until 주어+동사 / that+주어+동사

해석 그는 30살이 되어서야 그림을 그리기 시작했다.

2 so와 neither를 포함한 도치

1. (and) so + 조동사 + 주어

(1) 구조 : S + V (긍정) ~, and so + 조동사 + 주어

(2) 앞 동사 확인해서 올바른 조동사를 선택한다.

① be동사 → be동사

② 일반동사 → do동사

③ have[has, had] p.p. → have동사

④ 화법 조동사 → 화법 조동사

해석
Chloe는 피아노 치는 것을 좋아했고, 그녀의 아들도 그랬다.

해석
그 해답은 많이 달라졌다. 과학 그 자체도 그렇다.

(3) 조동사와 주어의 수 일치에 주의한다.

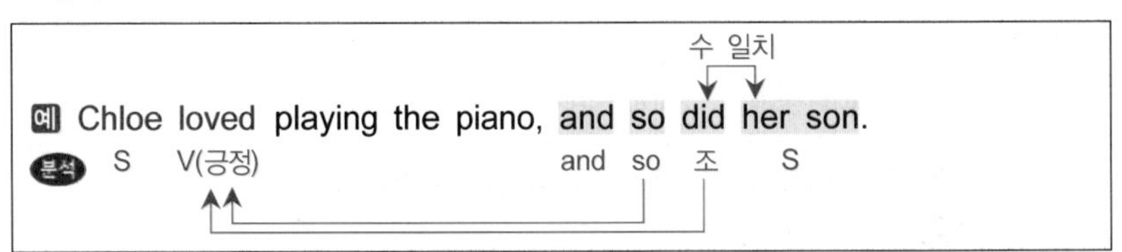

예 The answers have changed a lot. So has science itself.
분석 'so + 조동사 + S'는 긍정문과 함께 쓰인다.

2. (and) neither + 조동사 + 주어

(1) 구조 : S + V (부정) ~, and neither + 조동사 + 주어

(2) 앞 동사 확인해서 올바른 조동사를 선택한다.

① be동사 → be동사

② 일반동사 → do동사

③ have[has, had] p.p. → have동사

④ 화법 조동사 → 화법 조동사

(3) 조동사와 주어의 수 일치에 주의한다.

(4) and neither은 nor로 쓸 수 있다.

해석
Chloe은 스페인어를 할 줄 모르고, 나도 역시 그렇다.

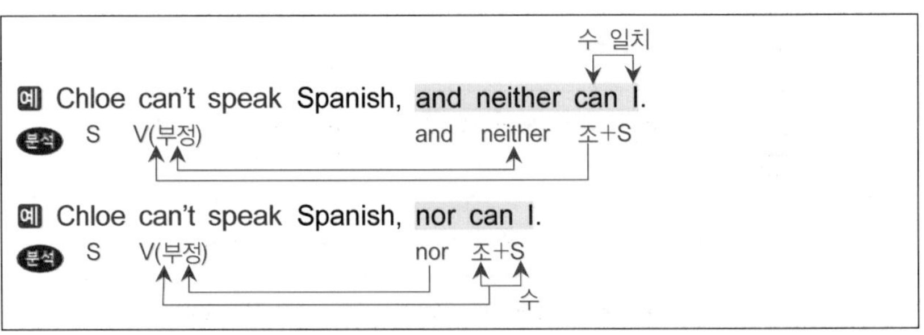

해석
Chloe는 아직 과제를 완료하지 못했고, Henry도 그렇다.

예 Chloe has not completed the assignment yet, and Henry hasn't either.
→ Chloe has not completed the assignment yet, and neither has Henry.
→ Chloe has not completed the assignment yet, nor has Henry.
분석 'neither + 조동사 + S'는 부정문과 함께 쓰인다.

3 Only를 포함한 도치

1. Only + 부사 + 조동사 + 주어 ~
2. Only + 전치사 + 명사 + 조동사 + 주어 ~
3. Only + 접속사 + 주어 + 동사 + 조동사 + 주어 ~

예 Only then did I learn the unpalatable truth.
분석 Only 부사 조+S

해석 그때서야 나는 불쾌한 진실을 알게 되었다.

예 Only in this way is it possible to explain their actions.
분석 Only 전치사 명사 조+S

해석 오직 이 방법만이 그들의 행동을 설명하는 것이 가능하다.

예 Only when she left the party did he arrive there.
분석 Only 접속사 주어 동사 조+S

해석 그녀가 파티를 떠나자 그는 비로소 그곳에 도착했다.

예 Only after the meeting did he recognize the seriousness of the financial crisis.
분석 문두에 'only 전명구'는 '조동사 + S' 도치 구조를 확인한다.

해석 회의가 끝난 뒤에야 그는 금융 위기의 심각성을 인식했다.

예 Only when he asks for help will they help him.
분석 문두에 'only 접주동'은 '조동사 + S' 도치 구조를 확인한다.

해석 그가 도움을 요청할 때만 그들은 그를 도울 것이다.

4 So를 활용한 도치

1. So 형용사 + 조동사 + 주어 ~ + (that절)
2. So 부사 + 조동사 + 주어 ~ + (that절)

예 So important is it that we should keep it in mind.
분석 So 형용사 조+S

해석 우리가 그것을 명심해야 하는 것은 매우 중요하다.

예 So vigorously did he protest that they reconsidered his case.
분석 So 부사 조+S

해석 그는 격렬하게 항의하여 그들은 그의 사건을 다시 고려했다.

예 So difficult was the test that I gave up.
분석 문두에 'so 형용사'는 '조동사 + S' 도치 구조를 확인한다.

해석 시험이 너무 어려워서 나는 포기했다.

예 So late did she come that she missed half of the movie.
분석 문두에 'so 부사'는 '조동사 + S' 도치 구조를 확인한다.

해석 그녀가 너무 늦게 와서 영화의 절반을 놓쳤다.

5 주격 보어(형용사/분사)와 도치

해석
그 실험의 세 번째 부분은 덜 예측 가능했다.

1. 형용사 + be동사 + 주어[be동사와 주어 수 일치 확인]

예 Less predictable was the third part of the experiment.
분석 형용사 be+S (수 일치)

해석
낮에 너무 바빠서 걱정할 수 없는 사람은 복 받은 사람이다.

해석
액체 상태의 물과 빙정의 구름은 대기 속에 자리 잡고 있다.

2. 분사 (전명구) + be동사 + 주어[be동사와 주어 수 일치 확인]

예 Blessed is the man who is too busy to worry in the daytime.
분석 '분사 (전명구) + be + 주어'는 수 일치를 확인한다.

예 Nestled in the atmosphere are clouds of liquid water and ice crystals.
분석 '분사 (전명구) + be + 주어'는 수 일치를 확인한다.

6 양보 접속사와 도치

1. 개념 및 특징

(1) 접속사 as는 「as + 주어 + 동사」 구조로 쓰이면 시간이나 이유 등을 의미하는 부사절 접속사로 쓰이지만, '주격 보어'나 '부사' 또는 '원형동사'가 as 앞에 위치한 도치 구조에서는 '비록 ~라도'라는 양보의 의미로 쓰인다.

(2) as 양보 도치 구문은 여러 가지 표현으로 쓰일 수 있지만 「조동사 + 주어」 순서로 쓰지 않으므로 주의한다.

2. 구조

(1) 형용사 + as 주어 + 2형식 동사 ~, 주어 + 동사

(2) As 형용사 + as 주어 + 2형식 동사 ~, 주어 + 동사

(3) As 형용사 a 명사 + as 주어 + 2형식 동사 ~, 주어 + 동사

(4) 무관사(a나 the 없는) 명사 + as 주어 + 2형식 동사 ~, 주어 + 동사

(5) 부사 + as 주어 + 동사 ~, 주어 + 동사

(6) 원형동사 + as + 주어 + may[might, will, would] ~, 주어 + 동사

예 Hot as the night air was, they slept soundly.
분석 '형용사 as 주어 2형식 동사, 주어 동사'는 양보 도치 구문이다.

예 As lazy as he is, he will do anything.
분석 'As 형용사 as 주어 2형식 동사, 주어 동사'는 양보 도치 구문이다.

예 As difficult a task as it was, Linda did her best to complete it.
분석 'As 형용사 a 명사 as 주어 2형식 동사, 주어 동사'는 양보 도치 구문이다.

예 Child as she is, she is brave.
분석 '무관사(a나 the가 없는) 명사 as 주어 2형식 동사, 주어 동사'는 양보 도치 구문이다.

예 Eloquent though she was, she could not persuade him.
분석 양보접속사 though는 주격 보어를 문장 처음에 쓰는 도치 구조가 가능하다.

해석
밤공기가 뜨거웠지만, 그들은 푹 잤다.

해석
비록 게으르지만, 그는 무엇이든 할 것이다.

해석
비록 그것이 어려운 일이지만, Linda는 그것을 끝내기 위해 최선을 다했다.

해석
비록 어린아이지만, 그녀는 용감하다.

해석
비록 유창하지만, 그녀는 그를 설득할 수 없었다.

7 장소나 방향 부사구와 도치

1. 장소 부사 1형식 자동사 + 주어(1형식 자동사와 주어 수 일치 확인)

예 On the hill stand many trees.
분석 장소 부사 V_1 S

예 On the map are many symbols that show national boundaries.
분석 장소 부사구가 문장 처음에 올 경우 '1형식 자동사 + 주어'로 도치된다.

예 On the platform was a woman in a black dress.
분석 장소 부사구가 문장 처음에 올 경우 '1형식 자동사 + 주어'로 도치된다.

예 Among her most prized possessions was a 1961 bejeweled timepiece.
분석 장소 부사구가 문장 처음에 올 경우 '1형식 자동사 + 주어'로 도치된다.

해석
언덕 위에 많은 나무가 서 있다.

해석
지도에는 국경선을 보여주는 많은 기호들이 있다.

해석
그녀가 가장 소중히 여기는 소지품 중에는 보석으로 장식된 1961년산 시계도 있었다.

해석
특정 시간에 이 문은 열려 있을 수도 있다.

2. 방향 부사 1형식 자동사 + 주어(1형식 자동사와 주어 수 일치 확인)

예 Down goes the elevator.
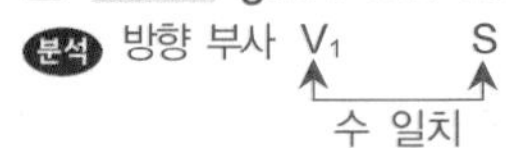

해석
아래로 엘리베이터가 내려간다.

3. 시간부사는 반드시 도치를 해야 하는 표현이 아니므로 '주어 + 동사' 순서대로 쓴다.

예 At certain times this door may be left unlocked.
분석 시간 부사 S V

해석
플랫폼에는 검은 드레스를 입은 여자가 있었다.

PART 04

출제포인트 **03**

강조 구문과 강조를 위한 표현

1 강조 구문

1. 구조

(1) It be + 주어 + that + (주어 없음) + 동사
→ that절은 주어가 없는 불완전 구조

(2) It be + 목적어 + that + 주어 + 동사 + (목적어 없음)
→ that절은 목적어가 없는 불완전 구조

(3) It be + 부사 + that + 주어 + 동사
→ that절은 완전 구조

예 It was the Italians that first started the trend.
분석 문장의 주어가 강조될 때 that절은 주어가 없는 불완전 구조이다.

해석 그 유행을 처음 시작한 것은 바로 이탈리아 사람들이었다.

예 It was her mathematical ability that led to the dramatic change.
분석 문장의 주어가 강조될 때 that절은 주어가 없는 불완전 구조이다.

해석 그런 놀라운 변화를 이끌어냈던 건 바로 그녀의 수학적 능력이었다.

예 It was the price that surprised me the most.
분석 문장의 주어가 강조될 때 that절은 주어가 없는 불완전 구조이다.

해석 나를 가장 놀라게 했던 것은 바로 가격이었다.

예 It was her that he saw at the bus stop this morning.
분석 문장의 목적어가 강조될 때 that절은 목적어 없는 불완전 구조이다.

해석 오늘 아침에 버스 정류장에서 내가 본 사람은 바로 그녀였다.

예 It is when water levels reach 3 meters above normal that the gate shuts.
분석 문장의 부사가 강조될 때 that절은 완전 구조이다.

해석 수위가 정상보다 3미터 더 높이 올라갈 때는 문이 닫힌다.

예 It is while cheese is ripening that it develops its own flavor.
분석 문장의 부사가 강조될 때 that절은 완전 구조이다.

해석 치즈가 그 풍미를 더하는 것은 바로 그것이 숙성해 가는 동안이다.

2. 특징

접속사 that은 강조된 표현이 사람이면 who나 whom으로, 사물이면 which로, 시간부사면 when으로, 장소부사구 where로 쓸 수 있다.

2 강조를 위한 표현

1. **명사 강조**: the very

2. **동사 강조**: 조동사 do

3. **부정어 강조**: at all, in the least, a bit

4. **의문사 강조**: ever, on earth, in the world

예 He is the very actor who will play the role of a father in the drama.
분석 the very는 명사를 강조할 수 있다.

예 It is not at all likely that he will do such a thing.
분석 at all은 부정어를 강조할 수 있다.

예 If we did keep a record, we might find out how often there is a new moon.
분석 조동사 do는 동사를 강조할 수 있다.

해석
그는 그 드라마에서 아버지 역할을 할 바로 그 배우다.

해석
설마 그가 그런 짓이야 하지 않을 것이다.

해석
기록만 해 둔다면 초승달이 얼마나 자주 뜨는지 알 수 있을 것이다.

해설 및 해석 ☞ 네이버 카페 '진가영 영어연구소' 에서 확인

LEVEL-UP 연습문제 01 밑줄 친 부분이 어법상 옳으면 O, 옳지 않으면 X하고 올바르게 고치시오.

01 On no account should you disclose your password to anyone.

02 No sooner she had finished cooking than the guests arrived.

03 Little did she known that her life was about to change forever.

04 She have hardly finished her breakfast when the phone rang.

05 He did not realize the importance of exercise until he gained weight.

06 Not until last month did he realized the impact of his decisions on the project.

07 They finalized the deal, and neither they celebrated with a team dinner.

08 He didn't attend the meeting, nor did his colleagues.

09 Only when they are in trouble they call for assistance.

10 Surprising were the news that greeted us this morning.

LEVEL-UP 연습문제01 정답

01 O
02 X had she finished
03 X did she know
04 X had
05 O
06 X did he realize
07 X and so
08 O
09 X do they call
10 O was the news

해설 및 해석 ☞ 네이버 카페 '진가영 영어연구소' 에서 확인

LEVEL-UP 연습문제 02 밑줄 친 부분에 들어갈 말로 가장 적절한 것은?

01 Nowhere in the city ____________ a better view of the sunset than from this rooftop.

① they could find ② could they find
③ could they found ④ they find

02 We had no sooner left the house ______________ we forgot the keys inside.

① we realized ② than we are realized
③ when we realized ④ than we realized

03 It was not until after the party ____________ he had lost his wallet.

① that had he realize ② he realizing
③ that he realized ④ he realized

04 He won't be attending the meeting, ________________.

① and neither will she ② and so would she
③ nor she will ④ and so will she

05 So _____________________ that the audience was moved to tears.

① eloquent did she speak ② eloquently did she speak
③ eloquent she spoke ④ eloquently did she spoke

LEVEL-UP 연습문제02 정답

01 ② 02 ④ 03 ③ 04 ① 05 ②

CHAPTER

12 가정법

신경향 학습 전략

- 2025년 출제 기조 전환에 따라 공무원 영어 시험에 토익과 텝스 그리고 수능 시험이 반영될 예정이므로 이러한 시험들에서 지속적으로 출제되고 있는 **가정법에 관련된 문제에 관한 출제포인트**를 학습한다.
- 가정법은 **기본 가정법[if 있는 가정법, if 생략 도치 가정법]** 그리고 **기타 가정법**으로 크게 나눌 수 있다. 공무원 시험에서는 정해진 가정법 구문을 제대로 썼는지에 초점을 맞춰서 출제되고 있으므로 **가정법 공식**을 학습한다.
- 말하는 내용이 실제의 사실이 아닌, 상상이나 가정, 기원을 표현하는 문법 범주를 가정법이라고 한다. 가정법은 실제 사실이 아니기 때문에 **화자가 소망하는 시점에서 '−1시제'를 사용**하고 **정해진 구문**으로 써야 한다는 것을 기억하고 문제 풀이법을 학습한다.

출제 포인트 마인드 맵

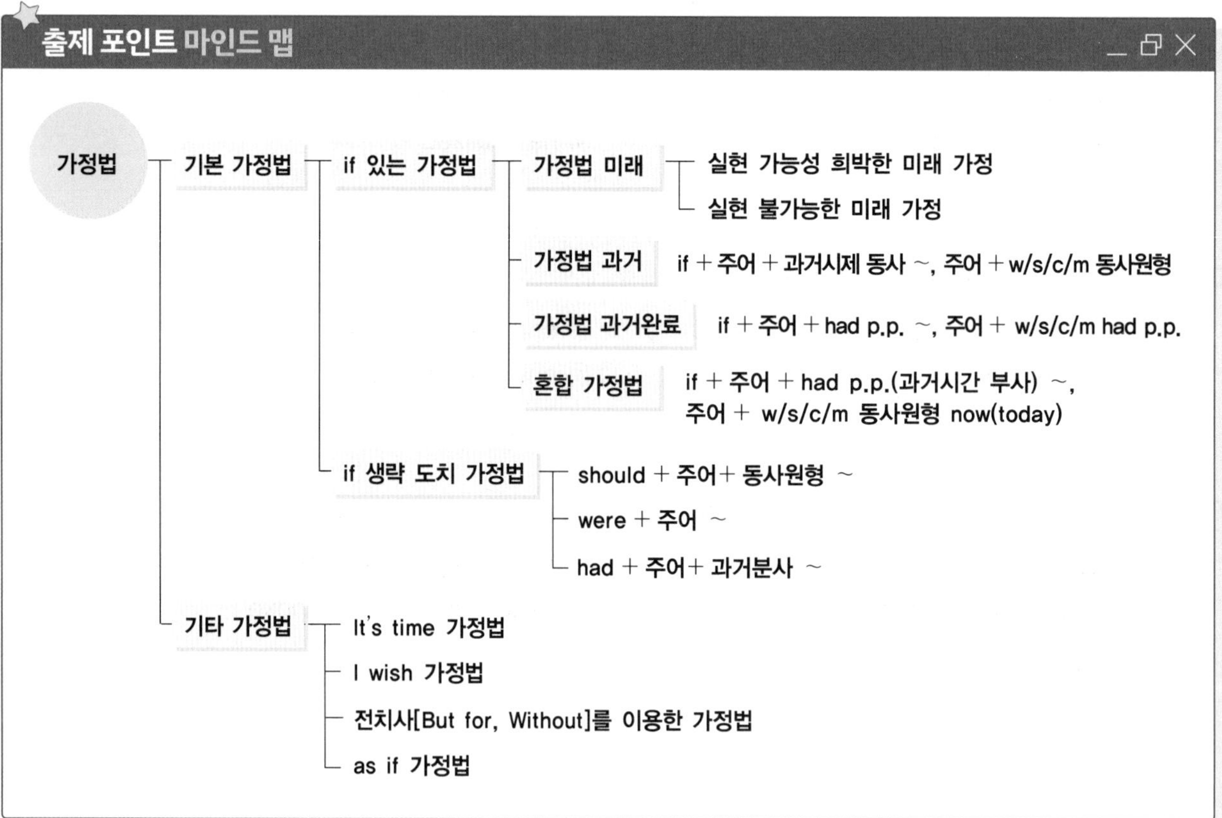

2025 출제 예상 문제

Q 다음 밑줄 친 부분 중 어법상 옳지 않은 것은?

① Have the education policy focused on practical skills, graduates ② would have been better prepared for the job market. Unfortunately, the current system places too ③ much emphasis on theoretical knowledge, leaving students without the hands-on experience needed for real-world challenges. Many graduates struggle ④ to find employment because they lack the practical skills that employers value.

해석

교육 정책이 실용적인 기술에 초점을 맞췄더라면, 졸업생들은 직업 시장에 더 잘 대비할 수 있었을 것이다. 불행히도 현재의 시스템은 이론적 지식에 너무 많은 비중을 두어, 학생들이 실제 문제에 필요한 실무 경험을 얻지 못하게 한다. 많은 졸업생들이 취업에 어려움을 겪는 이유는 고용주가 중요하게 여기는 실용적인 기술이 부족하기 때문이다.

자가진단

01 가정법 미래는 실현 가능성이 희박하거나 ❶ ______________ 상황에 대해 가정하는 구문이다.

02 가정법 과거는 ❷ _____ 사실과 반대로 가정해서 ❷ _______ 결과에 반대로 예측하는 구문이다.

03 가정법 과거완료는 ❸ _____ 사실과 반대로 가정해서 ❸ ________ 결과에 반대로 예측하는 구문이다.

04 혼합 가정법은 ❹ _____ 사실 반대로 가정해서 ❺ _____ 결과에 반대로 예측하는 구문이다.

05 가정법 과거 공식은 『if + 주어 + ❻ _________ 동사 ~, 주어+ would/should/could/might + ❼ __________』이다.

06 가정법 과거완료 공식은 『if + 주어 + ❽ __________ ~, 주어+ would/should/could/might + ❾ ______________』이다.

07 혼합 가정법 공식은 『if + 주어 + ❿ ___________ ~, 주어+ would/should/could/might + ⓫ ______________』이다.

08 '~했을 시간이다 또는 ~할 시간이다'라는 의미는 『It is (about/high) time (that) + 주어 + ⓬ __________ 동사』 또는 『It is (about/high) time (that) + 주어 + ⓭ ________________』으로 쓴다.

09 ⓮ __________ 가정법은 현재 이루지 못하거나 과거에 이루지 못했던 것에 대한 아쉬움 표현을 나타낼 때 쓰는 가정법이다.

10 현재에 이루지 못한 소망은 『I wish + 주어 + ⓯ _________ 동사』로 쓰고 과거에 이루지 못한 소망은 『I wish + 주어 + ⓰ ________________ 동사』 쓴다.

2025 출제 예상 문제 정답 및 해설

정답 ①

해설 가정법 과거완료 구문은 『Had + 주어 + p.p. ~, 주어 + would/should/could/might have p.p.』 구조로 쓰므로 Have를 Had로 고쳐야 한다.

자가진단 정답

❶ 실현 불가능한	❷ 현재	❸ 과거	❹ 과거
❺ 현재	❻ 과거	❼ 동사원형	❽ had p.p.
❾ have p.p.	❿ had p.p.	⓫ 동사원형	⓬ 과거시제
⓭ (should) 동사원형	⓮ I wish	⓯ 과거시제	⓰ had p.p.

출제포인트 01 기본 가정법

1 가정법 미래

찐팁 가정법 미래는 실현 가능성이 희박하거나 실현 불가능한 상황에 대해 가정하는 구문이다.

실현 가능성 희박한 미래 가정

If 주어 should 동사원형 ~ , 주어 + would/should/could/might 동사원형

If 주어 should 동사원형 ~ , 주어 + 조동사의 현재형(will/may/must 등)

If 주어 should 동사원형 ~ , (please) 동사원형

실현 불가능한 미래 가정

if 주어 were to부정사 ~, 주어 would/should/could/might 동사원형

예 If the item should not be delivered tomorrow, they would complain about it.

분석 가정법 미래 구문이 쓰였다.

해석 만약 그 물건이 내일 배달되지 않는다면, 그들은 그것에 대해 불평할 것이다.

예 If I were to be born again, I would marry my wife.

분석 가정법 미래 구문이 쓰였다.

해석 만약 내가 다시 태어난다면 나는 나의 아내와 결혼할 것이다.

예 If Shakespeare were to return today, he would be appalled by the way he is referred to.

분석 가정법 미래 구문이 쓰였다.

해석 만약 셰익스피어가 오늘 돌아온다면, 그는 자신이 언급되는 방식에 경악할 것이다.

2 가정법 과거

찐팁 가정법 과거는 현재 사실과 반대로 가정해서 현재 결과에 반대로 예측하는 구문이다.

if 주어 과거시제 동사 ~, 주어 + would/should/could/might 동사원형

만일 ~라면, …할 텐데

예 If I were rich, I could buy a car.

분석 가정법 과거 구문이 올바르게 쓰였다.

해석 내가 부자라면 차를 살 수 있을 텐데.

예 Sarah would be offended if I didn't go to her party.

분석 가정법 과거 구문이 쓰였다.

해석 내가 파티에 가지 않으면 Sarah는 기분이 상할 텐데.

3 가정법 과거완료

if 주어 had p.p. ~, 주어 + would/should/could/might have p.p.
만일 ~했더라면, …했을 텐데

> 예 Everything would have been OK if I hadn't lost my keys.
> 분석 가정법 과거완료 구문이 올바르게 쓰였다.

찐팁 가정법 과거완료는 과거 사실과 반대로 가정해서 과거 결과에 반대로 예측하는 구문이다.

해석 내가 열쇠를 잃어버리지 않았다면 모든 것이 괜찮았을 것이다.

4 혼합 가정법

if 주어 had p.p. ~ (과거 부사), 주어 would/should/could/might 동사원형 now(today)
만일 ~했더라면, …할 텐데

> 예 If it had not rained last night, the road wouldn't be muddy now.
> 분석 혼합 가정법 구문이 올바르게 쓰였다.
>
> 예 If she had taken the medicine last night, she would be better today.
> 분석 혼합 가정법 구문이 쓰였다.

찐팁 혼합 가정법은 과거 사실 반대로 가정해서 현재 결과에 반대로 예측하는 구문이다.

해석 어젯밤에 비가 오지 않았더라면 지금 길이 진흙탕이 되지 않았을 것이다.

해석 그녀가 어젯밤에 그 약을 먹었다면 오늘 좀 더 나았을 것이다.

5 if 생략된 도치 가정법

Should + 주어 + 동사원형 ~, 주어 + would/should/could/might 동사원형
Should + 주어 + 동사원형 ~, 주어 + 조동사의 현재형(will / may / must 등)
Should + 주어 + 동사원형 ~, (please) 동사원형
Were + 주어 + to부정사 ~, 주어 + would/should/could/might 동사원형
Were + 주어 ~, 주어 + would / should / could / might + 동사원형
Had + 주어 + p.p. ~, 주어 + would / should / could / might + have p.p.

> 예 If I had studied a little harder, I could have passed the exam.
> = Had I studied a little harder, I could have passed the exam.
> 분석 가정법 과거완료 구문이 쓰였다.
>
> 예 If I had given up the project at that time, I could not have achieved such a splendid result.
> = Had I given up the project at that time, I could not have achieved such a splendid result.
> 분석 가정법 과거완료 구문이 쓰였다.
>
> 예 If the wound should be inflamed, call me at once.
> = Should the wound be inflamed, call me at once.
> 분석 가정법 미래 구문이 쓰였다.
>
> 예 If you should have any questions, please feel free to contact me.
> = Should you have any questions, please feel free to contact me.
> 분석 가정법 미래 구문이 쓰였다.

해석 내가 조금만 더 열심히 공부했더라면 시험에 합격할 수 있었을 텐데.

해석 내가 그때 그 계획을 포기했었다면 이렇게 훌륭한 성과를 얻지 못했을 텐데.

해석 상처에 염증이 생긴다면 즉시 전화해 주세요.

해석 질문이 있다면, 편히 연락 주세요.

출제포인트 **02**

기타 가정법

해석
중동에서의 우리의 외교 정책을 재검토할 때이다.

해석
우리가 자야 할 시간이다.

1 It's time 가정법

'~했을 시간이다' 또는 '~할 시간이다' (그런데 아직 하지 못했다)

It is (about/high) time (that) + 주어 + **과거시제 동사**
It is (about/high) time (that) + 주어 + **should 동사원형**

예 It is high time we reviewed our foreign policy in the Middle East.
= It is high time we should review our foreign policy in the Middle East.
분석 'It is(about/high) time'은 가정법 구문이므로 동사의 형태를 확인한다.

예 It is high time we went to bed.
= It is high time we should go to bed.
분석 'It is(about/high) time'은 가정법 구문이므로 동사의 형태를 확인한다.

해석
내가 지금 Florida에 있으면 좋을 텐데.

해석
우리가 작년에 그 아파트를 구입했었더라면 얼마나 좋을까.

2 I wish 가정법

현재 이루지 못하거나 과거에 이루지 못했던 것에 대한 아쉬움 표현

현재에 이룰 수 없는 소망 [I wish + 주어 + 과거시제 동사]

예 I wish I were in Florida now.
분석 I wish는 가정법 구문이므로 동사의 형태를 확인한다.

과거에 이루지 못한 소망 [I wish + 주어 + 과거완료시제 동사]

예 I wish we had purchased the apartment last year.
분석 I wish는 가정법 구문이므로 동사의 형태를 확인한다.

3 전치사(But for, Without)를 이용한 가정법

1. 특징: 주절의 형태로 가정법 과거인지, 가정법 과거 완료인지 구분

2. 가정법 과거

공식	But for(Without) 명사	+ 주어 + would/should/could/might 동사원형
	If it were not for 명사	
	Were it not for 명사	
해석	명사가 없다면	~할 것이다

예 But for your assistance, I would have difficulty.
= If it were not for your assistance, I would have difficulty.
= Were it not for your assistance, I would have difficulty.
분석 'But for 명사'는 '~이 없다면'이라는 의미로 쓰일 수 있다.

해석 당신의 도움이 없다면, 나는 어려움을 겪을 것이다.

예 Without water, no living thing could exist.
분석 'Without 명사'는 '~이 없다면'이라는 의미로 쓰일 수 있다.

해석 물이 없다면, 어떤 생명체도 존재할 수 없을 것이다.

예 Were it not for water, all living creatures on earth would be extinct.
분석 'Were it not for 명사'는 '~이 없다면'이라는 의미로 쓰일 수 있다.

해석 물이 없다면, 지구상의 모든 생물은 멸종할 것이다.

3. 가정법 과거완료

공식	But for(Without) 명사	+ 주어 + would/should/could/might have p.p.
	If it had not been for 명사	
	Had it not been for 명사	
해석	명사가 없었다면	~했을 것이다

예 But for your assistance, I would have had difficulty.
= If it had not been for your assistance, I would have had difficulty.
= Had it not been for your assistance, I would have had difficulty.
분석 'But for 명사'는 '~이 없었다면'이라는 의미로 쓰일 수 있다.

해석 당신의 도움이 없었다면, 나는 어려움을 겪었을 것이다.

예 Without oxygen, all animals would have disappeared.
분석 'Without 명사'는 '~이 없었다면'이라는 의미로 쓰일 수 있다.

해석 산소가 없었다면, 모든 동물들이 사라졌을 것이다.

예 If it had not been for Newton, the law of gravitation would not have been discovered.
분석 'If it had not been for 명사'는 '~이 없었다면'이라는 의미로 쓰일 수 있다.

해석 뉴턴이 없었다면, 중력 법칙은 발견되지 않았을 것이다.

4 as if 가정법

주절의 동사와 같은 시제의 반대로 가정

주어 + 동사(현재, 과거) + as if + 주어 + 과거시제 동사

주절의 동사보다 이전 시제의 반대로 가정

주어 + 동사(현재, 과거) + as if + 주어 + 과거완료 시제 동사

예 He speaks English fluently as if he were an American.

분석 현재 반대 가정: In fact, he is not an American.

예 He talks as if he had seen a ghost.

분석 과거 반대 가정: In fact, he didn't see a ghost.

예 Joey talked as if he had known my secret.

분석 대과거 반대 가정: In fact, he hadn't known my secret.

해석
그는 마치 자신이 미국사람인 것처럼 유창하게 영어로 말한다.

해석
사실, 그는 미국인이 아니다.

해석
그는 마치 귀신을 봤던 것처럼 말한다.

해석
사실, 그는 귀신을 보지 않았다.

해석
Joey는 그가 마치 나의 비밀을 알고 있던 것처럼 말했다.

해석
사실, 그는 나의 비밀을 몰랐었다.

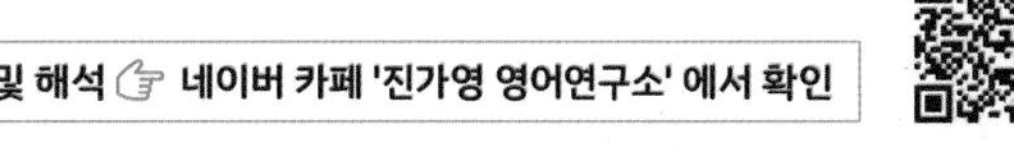

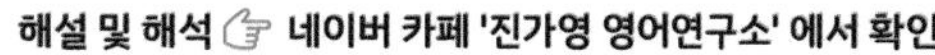
해설 및 해석 네이버 카페 '진가영 영어연구소' 에서 확인

LEVEL-UP 연습문제 01 밑줄 친 부분이 어법상 옳으면 O, 옳지 않으면 X하고 올바르게 고치시오.

01 If he should fail the exam, we will support him through it.

02 If she were to ever find out the truth, she would been devastated.

03 If they have known about the event earlier, they could have attended.

04 Had she practiced more, she could win the competition.

05 If he took the job offer, he could gain valuable experience.

06 If we invited him earlier, he would be at the party with us now.

07 Were he in her place, he would make the same decision.

08 It is time that he prioritizes his health and well-being.

09 I wish we had known about the event earlier.

10 Had it not been for his quick thinking, we would have missed the train.

PART 04

LEVEL-UP 연습문제01 정답

01 O	02 X would be
03 X had	04 X could have won
05 O	06 X had invited
07 O	08 X should prioritize/prioritized
09 O	10 O

해설 및 해석 ☞ 네이버 카페 '진가영 영어연구소' 에서 확인

LEVEL-UP 연습문제 02 밑줄 친 부분에 들어갈 말로 가장 적절한 것은?

01 If ______________ the lottery, he would buy a yacht and sail around the world.

① he were to win ② he were win
③ he had won ④ he would win

02 If we were in their shoes, we __________________ the same way.

① would probable feel ② would probably felt
③ would probably have felt ④ would probably feel

03 Had she studied harder, she _________________ into her dream college.

① might get ② might have gotten
③ have gotten ④ may get

04 If they _______________________, they could buy a house now.

① have saved money earlier ② had saved money earlier
③ saved money earlier ④ were to save money earlier

05 ________________ any dietary restrictions, please inform the restaurant staff when ordering.

① Were you to have ② You should have
③ Had you had ④ Should you have

LEVEL-UP 연습문제02 정답

01 ① 02 ④ 03 ② 04 ② 05 ④

MEMO

New Trend
단기합격 길라잡이

진가영 영어
단기합격 문법
All In One

진가영 영어연구소 | cafe.naver.com/easyenglish7

PART

05

연결어와 비교 구문

CHAPTER

13 접속사와 전치사

신경향 학습 전략

- 2025년 출제 기조 전환에 따라 공무원 영어 시험에 토익과 텝스 그리고 수능 시험이 반영될 예정이므로 이러한 시험들에서 지속적으로 출제되고 있는 **접속사와 전치사에 관한 출제포인트**를 학습한다.
- 공무원 시험에서는 **접속사는 접속사가 가진 고유의 특징**을 물어보는 문제가 출제 되고 있고 특히 **등위접속사**의 **병렬구조**가 시험에서 중요하게 다뤄지고 있으므로 이를 학습한다.
- 접속사와 전치사는 문장 안에서 성분을 추가하는 기능이 있다. 다만, **접속사**는 **동사**를 추가할 수 있고 **전치사**는 **명사**를 추가하므로 이러한 **차이점**에 대해 학습한다.

출제 포인트 마인드 맵

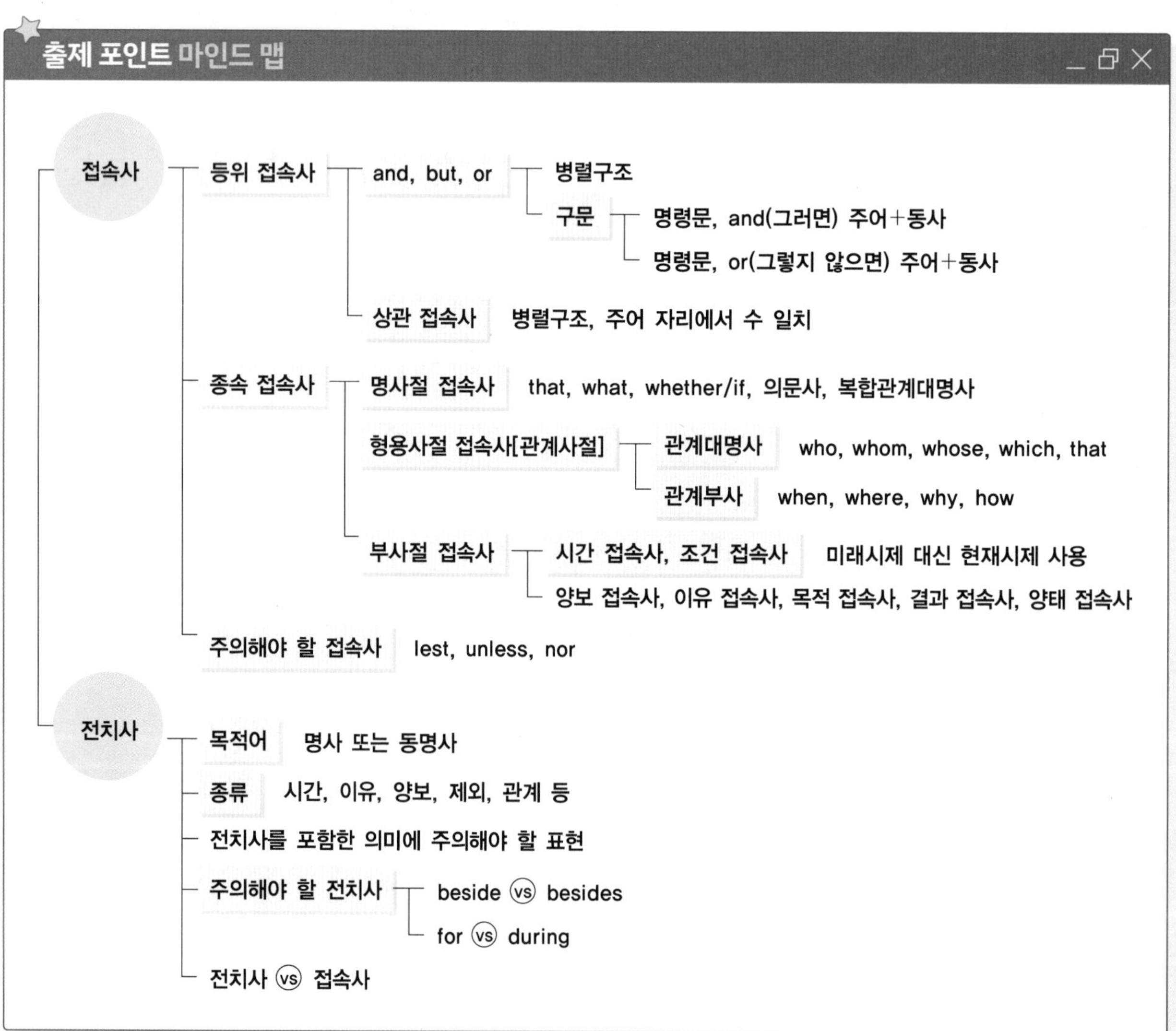

2025 출제 예상 문제

Q 다음 밑줄 친 부분 중 어법상 옳지 않은 것은?

> The team double-checked the presentation materials lest ______________ during the important meeting with the clients.

① there to be any errors
② there being any errors
③ there are any errors
④ there be any errors

해석
팀은 중요한 고객 회의에서 실수가 없도록 발표 자료를 두 번 확인했다.

자가진단

01 접속사의 기본 기능은 동사 추가이지만, 등위접속사에 해당하는 접속사는 같은 문법적인 기능을 해주는 단어와 단어, 구와 구, 또는 절과 절을 연결하는 ❶ ______ 구조를 이룬다.

02 명령문 뒤에 and는 ❷ '________'이라는 뜻으로 쓰이고 or은 ❸ '__________'이라는 의미로 쓰인다.

03 문장 안에서 ❹ _________, ❺ __________, ❻ ________로 쓰이는 절을 이끄는 접속사를 종속접속사라고 부른다.

04 명사절 접속사 that은 ❼ ________ 구조를 이끌고 what은 ❽ ________ 구조를 이끈다.

05 명사절 접속사 whether나 if는 '❾ ___________'라는 의미로 완전 구조를 이끈다.

06 'A is to B ❿ ________ C is to D'는 'A와 B의 관계는 C와 D의 관계와 같다'라는 의미로 쓰인다.

07 부사절 접속사인 lest는 '~하지 않도록'이라는 의미로 쓰이고 뒤에 '주어 + (should) 동사원형'을 쓰며 ⓫ _______은 쓰지 않는다.

08 부사절 접속사인 unless는 '만약 ~이 아니라면, ~하지 않는 한'이라는 의미로 쓰이고 ⓬ _______을 쓰지 않는다.

09 전치사는 ⓭ _______ 또는 ⓮ _________ 목적어를 취한다.

10 beside는 ⓯ _______라는 의미이고 besides는 ⓰ _______ 의미이다.

2025 출제 예상 문제 정답 및 해설

정답 ④

해설 부사절 접속사 lest는 '~하지 않도록'이라는 의미로 뒤에 '주어 + (should) 동사원형 ~'을 쓴다.

자가진단 정답

❶ 병렬	❷ 그러면	❸ 그렇지 않으면	❹ 명사
❺ 형용사	❻ 부사	❼ 완전	❽ 불완전
❾ ~인지[~일지]	❿ what[as]	⓫ not	⓬ not
⓭ 명사	⓮ 동명사	⓯ ~옆에	⓰ ~외에

출제포인트 01 접속사

1 등위접속사

찐팁 접속사의 기본 기능은 동사 추가이지만, 등위접속사에 해당하는 접속사는 같은 문법적인 기능을 해주는 단어와 단어, 구와 구, 또는 절과 절을 연결하는 병렬구조를 이룬다.

1. 일반 등위접속사

(1) 문법적으로 동등한 역할을 하는 것을 연결해 주는 접속사

(2) 종류 : and, but, or

(3) 구문

① 명령문, and(그러면) 주어 + 동사

② 명령문, or(그렇지 않으면) 주어 + 동사

예 He was weak and exhausted.
분석 등위접속사는 병렬구조를 확인한다.

해석 그는 쇠약하고 기진맥진했다.

예 It should be objective, systematic, consistent, and explicit.
분석 등위접속사는 병렬구조를 확인한다

해석 그것은 객관적이고 체계적이며 일관되며 명확해야 한다.

예 German shepherd dogs are smart, alert, and loyal.
분석 등위접속사는 병렬구조를 확인한다.

해석 독일의 양치기 개들은 똑똑하고, 기민하며, 충성스럽다.

예 The lack of oxygen would make him dizzy and, perhaps, unconscious.
분석 등위접속사는 병렬구조를 확인한다.

해석 산소 부족은 그를 어지럽게 하고 아마도 의식을 잃게 할 것이다.

예 That place is fantastic whether you like swimming or walking.
분석 등위접속사는 병렬구조를 확인한다.

해석 그곳은 네가 수영을 좋아하든 걷기를 좋아하든 환상적이다.

예 Please sign here, or it is not valid.
분석 '명령문, or 주어 + 동사' 구조에서 등위접속사 or은 '그렇지 않으면'이라는 의미이다.

해석 여기에 서명하세요, 그렇지 않으면 법적 효과가 없습니다.

예 Hurry up, and you will be in time.
분석 '명령문, and 주어 + 동사' 구조에서 등위접속사 and는 '그러면'이라는 의미이다.

해석 서둘러라, 그러면 제시간에 도착할 것이다.

2. 상관 접속사

(1) 두 가지 단어가 한 쌍이 되어 문법적으로 동등한 역할을 하는 것을 연결해 주는 접속사

(2) 종류

both A and B	‘A와 B 둘다’
either A or B	‘A와 B 둘 중 하나’
neither A nor B	‘A도 B 중 어느 것도 아닌’
not A but B = B, not A	‘A가 아니라 B’
not only A but (also) B = B as well as A	‘A뿐만 아니라 B도’

(3) 병렬구조와 문장의 주어 자리에 나왔을 때 수 일치가 중요하다.

찐팁
- not only A에서 only = merely, just
- not only but (also) B에서 only 생략(×), also 생략(○)

PART 05

2 종속접속사

문장 안에서 명사, 형용사, 부사로 쓰이는 절을 이끄는 접속사를 종속접속사라고 한다.

1. 명사절 접속사

(1) that

① [~것], 완전 구조를 이끈다.

② 형용사절 접속사 또는 부사절 접속사로도 쓰인다.

예 The teacher explained that homework must be submitted by Friday.
분석 V_3 명사절 접속사

예 The movie that we watched last night was really exciting.
분석 명사(S) 형용사절 접속사[관계대명사]

예 The belief that hard work leads to success is widely accepted.
분석 명사(S) 형용사절 접속사[동격]

예 The weather was so bad that the flight had to be canceled.
분석 S V_2 S.C 부사절 접속사

해석
선생님은 숙제가 금요일까지 제출되어야 한다고 설명했다.

해석
우리가 어젯밤에 본 영화는 정말 흥미진진했다.

해석
열심히 일하면 성공한다는 믿음은 널리 받아들여진다.

해석
날씨가 너무 나빠서 비행기가 취소되어야 했다.

(2) whether/if

① [~인지, ~일지], 완전 구조를 이끈다.

② or (not)을 수반하여 함께 쓰일 수 있다.

③ if는 타동사 뒤의 목적어 자리에만 쓰인다.

해석
그것이 좋은 계획인지 아닌지는 토의할 여지가 있는 문제다.

해석
위원회는 새로운 정책을 시행해야 할지를 논의하고 있다.

해석
논의에서 주요 쟁점은 회사가 투자를 늘려야 하는지이다.

해석
나는 그녀가 회의에 참석할지 모른다.

예 Whether it is a good plan or not is a matter for argument
분석 S V₂

예 The committee is debating about whether the new policy should be implemented.
분석 전치사 O

예 The main issue in the debate is whether the company should increase its investment.
분석 V_2 S.C

예 I don't know if she will attend the meeting.
분석 V_3 O

(3) what

① [~것], 선행사를 포함한 관계대명사라고 불린다.

② 주어, 목적어, 보어 중 하나가 빠져 있는 불완전 구조를 이끈다.

③ what 주어 be동사 (주어의 인격), what 주어 have 동사 (주어의 재산)

④ A is to B what[as] C is to D (A와 B의 관계는 C와 D의 관계와 같다)

해석
그녀가 한 말은 모두를 불편하게 만들었다.

해석
그 예술가는 바다 위의 일몰을 닮은 것을 그렸다.

예 What she said made everyone uncomfortable.
분석 S V_5

예 The artist painted what resembled a sunset over the ocean.
분석 V_3 O

(4) 의문사

① 의문대명사[who, whom, which, what)] + 불완전 구조

② 의문형용사[whose, which, what] + 명사 포함 완전 구조

③ 의문부사[when, where, why, how] + 완전 구조

해석
매니저는 시스템이 예상치 못하게 다운된 이유를 알아낼 것이다.

예 The manager will find out why the system crashed unexpectedly.
분석 V_3 O

(5) 복합관계대명사 : whoever, whomever, whichever, whatever

① 주어, 목적어, 보어 중 하나가 빠져 있는 불완전 구조를 이끈다.

② whomever vs whoever

→ whomever는 목적어가 없는 불완전 구조인 경우만 가능

해석
이 보고서를 쓴 사람은 훌륭한 일을 했다.

해석
당신이 가장 신뢰하는 사람에게 열쇠를 주어라.

예 Whoever wrote this report did an excellent job.
S V_3

예 Give the keys to whomever you trust the most.
전치사 V_3

2. 형용사절 접속사

(1) 관계대명사 : who, whom, whose, which, that

(2) 관계부사 : when, where, why, how

3. 부사절 접속사

(1) 종류

시간 접속사 [미래시제 ⊗]	• when, while	• before, after
	• till, until	• as soon as
	• whenever	• every time
	• each time	• by the time
	• as	• the moment
	• since	• the first time
조건 접속사 [미래시제 ⊗]	• if	• suppose
	• supposing	• providing
	• provided	• unless
	• in case	• on condition that
	• as long as	• so long as
양보 접속사	• though	• although
	• even though	• even if
	• while	• whereas
	• whether	
이유 접속사	• because	• since
	• as(in as much as)	• for
	• now that	• seeing that
	• on the ground that	• in that
목적 접속사	• so that, in order that [긍정]	
	• lest, for fear (that) [부정]	
결과 접속사	• so (that)	• so ~ that, such ~ that
양태 접속사	• (just) as	• like

(2) 부사절 접속사 vs 전치사

접속사(동사 추가)	전치사(명사 추가)
while	during
until	until, by
though, although	despite, in spite of
because	because of, due to, owing to, on account of

PART 05

해석
그는 룸메이트가 장을 보러 가는 동안 낮잠을 자기로 결정했다.

해석
겨울 휴가동안, 도시는 불빛으로 아름답게 장식되었다.

해석
많은 도전에 직면했음에도 불구하고, 프로젝트는 제시간에 완료되었다.

해석
프로젝트는 많은 도전에 직면했지만, 그것은 성장 기회를 제공했다.

예 He decided to take a nap while his roommate went grocery shopping.
분석 동사

예 During the winter holidays, the city is beautifully decorated with lights.
분석 명사

예 Despite facing many challenges, the project was completed on time.
분석 동명사

예 Although the project faced many challenges, it provided opportunities for growth.
분석 동사

3 주의해야 할 접속사

1. lest

(1) ~하지 않도록

(2) 뒤에 '주어 + (should) 동사원형'을 쓴다.

(3) 뒤에 not을 쓰지 않는다.

(4) 'for fear (that)'으로 바꿔쓸 수 있다.

해석
여기는 가파르니까 넘어지지 않도록 조심해라.

해석
그녀는 아기가 깨지 않도록 불을 켜지 않았다.

예 Since it's steep here, be careful lest you should fall.
분석 **부사절 접속사 lest는 뒤에 '주어 + (should) 동사원형'을 쓴다.**

예 She didn't turn on the light lest she should wake up her baby.
분석 **부사절 접속사 lest는 뒤에 '주어 + (should) 동사원형'을 쓴다.**

2. unless

(1) 만약 ~이 아니라면, ~하지 않는 한

(2) 뒤에 not을 쓰지 않는다.

(3) 조건 부사절이므로 동사를 미래시제로 쓰지 않는다.

3. nor

(1) ~도 (또한) …않다

(2) and neither의 의미로 뒤에 도치 구조를 이끈다.

(3) 뒤에 not을 쓰지 않는다.

찐팁 afterwards
- '나중에, 이후에'라는 의미의 부사이다.
- 부사는 접속사가 아니므로 주어와 동사를 추가할 수 있는 기능이 없다.

출제포인트 **02**

전치사

1 전치사의 기본

1. 특징

(1) 명사 또는 동명사 목적어를 쓴다.

(2) 접속사와 달리 동사를 추가할 수 없다.

PART 05

2. 종류

의미	전치사	명사 목적어	예
시간	at	시간, 시점	at dawn, at noon, at midnight, at sunset
	on	날짜, 요일, 특정한 날	on Sunday, on one's birthday, on Christmas Day
	in	월, 년, 계절, 세기 등 (길거나 일정한 기간)	in March, in 1999, in the past, in those days
	for	막연한 기간 (숫자 + 명사)	for two years
	during	특정한 기간 (행사명)	during the conference
	over	기간	over the years, over the next three months
	by	시간(동작의 완료)	I'll finish it by tomorrow. 나는 그것을 내일까지 끝낼 것이다.
	until	시간(상태의 지속)	Wait until tomorrow morning. 내일 아침까지 기다려라.
	since	시점	since last week, since Tuesday
	before after	명사나 동명사 가능	before evening, before entering the room, after storing it

찐팁
'by 시간'은 finish, complete, submit, hand in과 잘 쓰인다.

찐팁
'until 시간'은 keep, remain, stay, wait, last와 잘 쓰인다.

장소	in	넓은 장소, 장소 내부	in Korea, in Seoul, in the box
	on	선과 면이 접촉하는 장소	on the street, on the coast, on the river
	at	좁은 장소	at home, at the hotel, at the airport
이유	because of, owing to, due to, on account of		
양보	despite, in spite of, with all, for all, notwithstanding		
제외	except, except for, excepting, apart from, aside from		
관계	~와 관계없이	regardless of, irrespective of, without regard to	
	~에 관하여	regarding, concerning, when it comes to, with regard[respect] to, as to, as for, in respect of, with reference to, in terms of	

예 Despite searching for every job opening possible, he could not find a suitable job.
분석 전치사는 명사나 동명사 목적어와 함께 쓰인다.

해석 가능한 모든 일자리를 찾아봤지만, 그는 마땅한 일자리를 찾지 못했다.

예 The speaker was not good at getting his ideas across to the audience.
분석 전치사는 명사나 동명사 목적어와 함께 쓰인다.

해석 그 연사는 그의 생각을 청중들에게 전달하는 데 능숙하지 못했다.

예 The bank violated its policy by giving loans to the unemployed.
분석 'the + 형용사'는 명사적 의미가 존재하므로 전치사의 목적어 역할이 가능하다.

해석 그 은행은 실업자들에게 대출을 해줌으로써 정책을 위반했다.

예 Please explain to me how to join a tennis club.
분석 전치사와 함께 쓰이는 명사는 목적격을 받는다.

해석 테니스 클럽에 가입하는 방법을 설명해 주세요.

2 전치사를 포함한 의미에 주의해야 할 표현

behind schedule	일정보다 늦게	out of stock	품절된
behind the times	시대에 뒤떨어진	out of the question	불가능한
behind time	늦게	at random	무작위로, 임의로
beyond criticism	비난의 여지가 없는	at risk, at stake	위험한, 위태로운
beyond doubt	의심의 여지 없이	at the expense of	~을 희생하여
beyond question out of question without question	의심할 여지가 없는	at no charge free of charge without charge on the house	무료의

beyond description	형용(설명)할 수 없는	at all costs	어떤 희생을 해서라도
beyond expression	말로 다 표현할 수 없는	at will	마음대로
out of date	구식의, 시대에 뒤떨어진	at ease	편안한, 걱정 없이
out of fashion	유행이 지난	at a loss	당황한
out of order	고장난, 정리가 안 된	in charge of	~을 책임지고 있는
out of season	제철이 아닌, 한물간	in light of	~관점에서
out of sorts	기분이 언짢은	in need	곤궁한

3 주의해야 할 전치사

1. 의미에 주의해야 할 전치사

(1) beside ~옆에, ~에 비해

(2) besides ~외에

> 예 The man sat **beside** me all night.
> 분석 besides는 '~옆에, ~에 비해'라는 의미로 쓰인다.
>
> 예 Mary has a lot of hobbies **besides** playing football.
> 분석 besides는 '~외에'라는 의미로 쓰인다.
>
> 예 **Besides** literature, we have to study history and philosophy.
> 분석 besides는 '~외에'라는 의미로 쓰인다.

해석
그 남자는 밤새 내 옆에 앉아 있었다.

해석
Mary는 축구 외에도 많은 취미가 있다.

해석
문학 외에도, 우리는 역사와 철학을 공부해야 한다.

2. 선택에 주의해야 할 전치사

(1) for 지속된 기간 – 숫자 기간, how long과 관련된 개념
 ⓥⓢ during 구체적 기간 – 어떠한 행동을 한 시점 명사

> 예 My father was in the hospital **for** six weeks.
> 분석 for은 '~동안에'라는 의미를 전달할 경우 '숫자 + 기간명사'와 주로 쓰인다.

해석
아버지는 6주 동안에 병원에 계셨다.

(2) be familiar with 사물 ⓥⓢ be familiar to 사람

> 예 **Are** you **familiar with** the computer software?
> 분석 'be familiar with 사물' 구조를 쓴다.

해석
너는 컴퓨터 소프트웨어에 익숙하니?

해설 및 해석 ☞ 네이버 카페 '진가영 영어연구소' 에서 확인

LEVEL-UP 연습문제 01 밑줄 친 부분이 어법상 옳으면 O, 옳지 않으면 X하고 올바르게 고치시오.

01 Finish your work on time, <u>or</u> your boss might get upset.

02 Call me when you arrive, <u>and</u> I will come to pick you up.

03 It's not the color <u>and</u> the texture that makes this fabric unique.

04 <u>What</u> he wrote in the report doesn't align with the facts.

05 <u>If</u> she should accept the job offer or not is still uncertain.

06 He will choose <u>whomever</u> he believes is most qualified for the position.

07 By the time she <u>finishes</u> her degree, she will have found a suitable job.

08 She locked the door securely lest anyone should <u>not break</u> in.

09 She is capable of <u>solving</u> complex problems quickly.

10 <u>Beside</u> his job as a teacher, he runs a small business.

LEVEL-UP 연습문제01 정답

01 O
02 O
03 X but
04 O
05 X Whether
06 X whoever
07 O
08 X break
09 O
10 X Besides

해설 및 해석 ☞ 네이버 카페 '진가영 영어연구소' 에서 확인

LEVEL-UP 연습문제 02 밑줄 친 부분에 들어갈 말로 가장 적절한 것은?

01 Pay attention during the presentation, ______________ miss important details.

① and else you might
② or else you might
③ else you might
④ or else might you

02 The company not only increased its profits ______________ its market share.

① but expand
② also expand
③ as expanded
④ but also expanded

03 ______________ or not determines our outdoor plans.

① Whether it rains
② If it rains
③ Whether rains it
④ If it rain

04 They managed to finish the project on time ______________ technical difficulties.

① though encountering
② until encountering
③ in spite of encountering
④ because encountering

05 Going on vacation this year is ______________ due to financial constraints.

① out the question
② out of question
③ out of the question
④ without question

LEVEL-UP 연습문제02 정답

01 ② 02 ④ 03 ① 04 ③ 05 ③

CHAPTER

14 관계사

신경향 학습 전략

- 2025년 출제 기조 전환에 따라 공무원 영어 시험에 토익과 텝스 그리고 수능 시험이 반영될 예정이므로 이러한 시험들에서 지속적으로 출제되고 있는 **관계사에 관련된 문제에 관한 출제포인트**를 학습한다.
- 공무원 시험에서는 **관계대명사와 관계부사의 차이점**을 묻는 문제와 **각 관계사의 특징**을 물어보는 문제가 주로 출제되고 있으므로 이 부분에 초점을 두고 학습한다.
- 관계사는 **기본 개념부터 심화 내용까지 출제** 가능성이 있으므로 전반적으로 균형있게 학습한다.

출제 포인트 마인드 맵

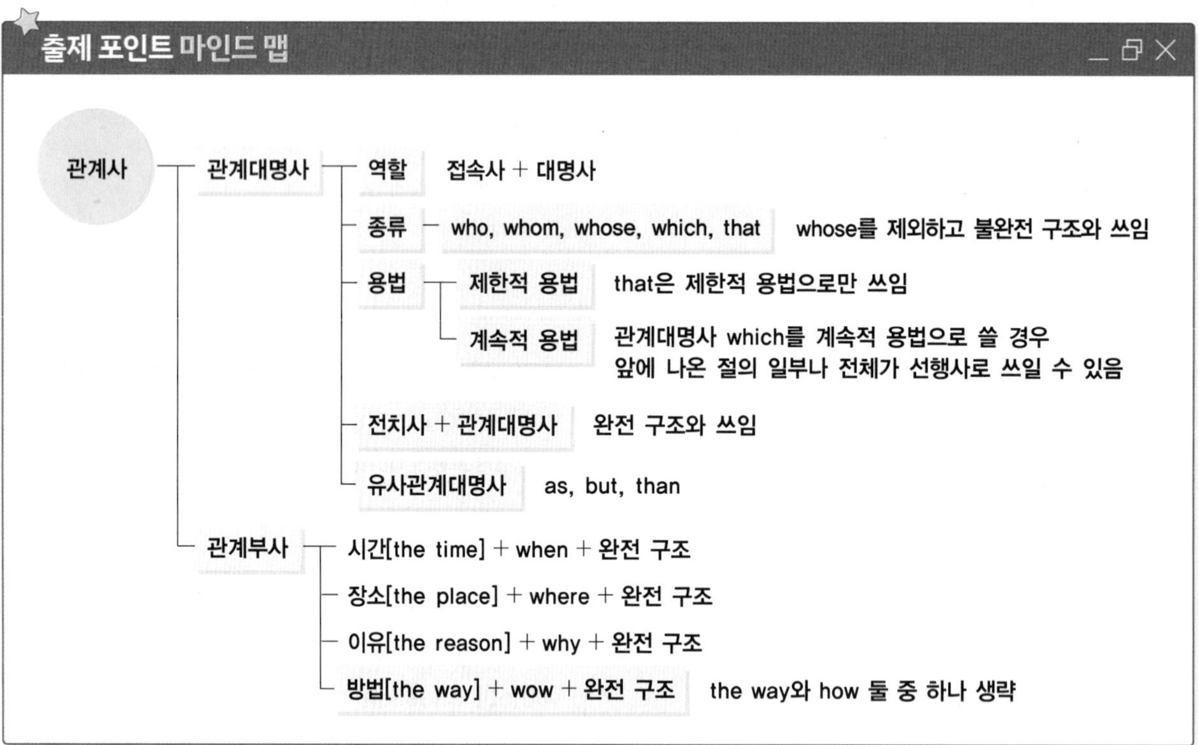

2025 출제 예상 문제

Q 다음 밑줄 친 부분 중 어법상 옳지 않은 것은?

① To ensure a smooth transition for new employees and foster a culture of continuous learning, the company ② has created a mentorship program ③ which experienced employees guide new hires through their first year. This program is designed to provide newcomers with the support and resources they ④ need to succeed in their roles.

해석
신입 직원들의 원활한 적응을 보장하고 지속적인 학습 문화를 촉진하기 위해, 회사는 경력 있는 직원들이 신입 직원들을 첫 해 동안 안내하는 멘토십 프로그램을 만들었다. 이 프로그램은 신입 직원들이 그들의 역할에서 성공하기 위해 필요한 지원과 자원을 제공하도록 설계되었다.

자가진단

01 관계대명사 who는 사람을 수식하는 ❶ ________ 또는 ❷ ________ 관계대명사로 주어나 목적어가 없는 불완전한 절을 이끌며 특히 who가 이끄는 절이 주어가 없는 불완전한 절일 때는 동사와 ❸ ________의 수 일치를 확인해야 한다.

02 관계대명사 whom은 사람을 수식하는 ❹ ________ 관계대명사로 목적어가 없는 불완전한 절을 이끈다.

03 관계대명사 whose는 사람과 사물을 모두 수식할 수 있는 ❺ ________ 관계대명사로 ❻ ________한 절을 이끈다.

04 관계대명사 which 사물을 수식하는 ❼ ________ 또는 ❽ ________ 관계대명사로 주어나 목적어가 없는 불완전한 절을 이끌며 특히 which가 이끄는 절이 주어가 없는 불완전한 절일 때는 동사와 ❾ ________의 수 일치를 확인해야 한다.

05 관계대명사 that은 사람과 사물을 모두 수식하는 ❿ ________ 또는 ⓫ ________ 관계대명사로 주어나 목적어가 없는 불완전한 절을 이끌며 특히 that이 이끄는 절이 주어가 없는 불완전한 절일 때는 동사와 ⓬ ________의 수 일치를 확인해야 한고 ⓭ ________ 용법으로만 쓰일 수 있으므로 주의한다.

06 관계부사는 완전 구조를 취하며 선행사에 따라 각기 다른 적절한 관계부사를 써야 한다. 다만 ⓮ ________와 ⓯ ________는 겹쳐 쓰지 않고 둘 중 하나가 생략되어야 한다.

2025 출제 예상 문제 정답 및 해설

정답 ③

해설 which는 주어나 목적어가 없는 불완전 구조를 이끌기 때문에 완전한 구조를 이끌 때는 적절한 전치사와 함께 쓰여야 하므로 which를 in which로 고쳐야 한다.

자가진단 정답

❶ 주격　❷ 목적격　❸ 선행사　❹ 목적격
❺ 소유격　❻ 완전　❼ 주격　❽ 목적격
❾ 선행사　❿ 주격　⓫ 목적격　⓬ 선행사
⓭ 제한적　⓮ the way　⓯ how

출제포인트 01

관계사의 기본

찐팁
관계사 앞에 놓여 관계사의 수식을 받는 명사를 선행사라고 한다.

1 관계사의 이해

1. 개념

선행사를 수식하는 형용사절 접속사를 의미한다.

2. 종류

관계사는 관계대명사와 관계부사로 나눠진다.

3. 특징

관계사는 의문사와 달리 의문의 의미가 없다.

2 관계대명사

1. 역할 : 접속사 + 대명사

해석
나는 그 소년을 알고 그는 그 도시에 산다.

해석
나는 그 도시에 사는 소년을 안다.

예 I know the boy and he lives in the city.
분석 [접속사+대명사]

예 I know the boy who lives in the city.
분석 [관계대명사]

2. 종류

who, whom, whose, which, that

3. 용법

(1) 제한적 용법
① '선행사 + 관계대명사'의 형태로 선행사를 수식할 때 쓴다.
② 관계대명사 that은 제한적 용법으로만 쓰인다.

(2) 계속적 용법
① '선행사 + 콤마(,) + 관계대명사'의 형태로 '접속사 + 대명사'의 의미로 해석하며, 선행사에 대한 정보를 추가할 때 쓴다.
② 앞에 나온 절의 일부나 전체를 선행사로 받을 때는 관계대명사 which를 계속적 용법으로 쓴다.

3 관계부사

1. 역할: 접속사 + 부사

> 예 This is the house and he lives in the house.
> 분석 [접속사 + 부사]
>
> 예 This is the house where he lives.
> 분석 관계부사

해석
이 곳은 집이고, 그는 그 집에 산다.

해석
이 곳은 그가 사는 그 집이다.

2. 종류

when, where, why, how

4 선행사를 포함한 관계대명사

1. 개념

what은 선행사를 포함한 관계대명사로 명사를 수식하는 형용사절 접속사가 아닌 주어, 목적어, 보어 자리에 쓰이는 명사절 접속사이다.

2. 해석

'~것'이라는 의미로 해석된다.

> 예 She didn't understand what the teacher explained.
> V_3
> 분석 선행사를 포함한 관계대명사 what은 주어, 목적어, 보어 자리에 쓰인다.
>
> 예 He finally found what he had been looking for.
> V_3
> 분석 선행사를 포함한 관계대명사 what은 주어 목적어 보어 자리에 쓰인다.

해석
그녀는 선생님이 설명한 것을 이해하지 못했다.

해석
그는 마침내 그가 찾고 있던 것을 발견했다.

출제포인트 02

관계대명사와 관계부사

1 관계대명사

1. who

(1) 사람을 수식하는 주격 또는 목적격 관계대명사
① who 앞에 사람 선행사 확인
② who 뒤에는 주어 또는 목적어가 없는 불완전 구조 확인
③ who 뒤에 주어가 없고 동사가 현재 동사일 때는 선행사와 수 일치 확인

(2) 해석 : ~하는, ~는

예 He is the boy who broke the window.
분석 who는 사람을 수식하는 주격 또는 목적격 관계대명사이다.

해석 그가 창문을 깬 소년이다.

예 The people who called yesterday want to buy the house.
분석 who는 사람을 수식하는 주격 또는 목적격 관계대명사이다.

해석 어제 전화한 사람들이 집을 사고 싶어한다.

예 The people who we met in France have sent us a card.
분석 who는 사람을 수식하는 주격 또는 목적격 관계대명사이다.

해석 우리가 프랑스에서 만났던 사람들이 우리에게 카드를 보내왔다.

예 I saw one of my old friends, who recognized me at once.
분석 who는 사람을 수식하는 주격 또는 목적격 관계대명사이다.

해석 나는 옛 친구를 만났는데, 그는 나를 즉시 알아보았다.

예 He arrived with Owen, who was weak and exhausted.
분석 사람을 수식하는 주격 또는 목적격 관계대명사 who는 주격 관계대명사로 쓰일 때 수 일치에 주의한다.

해석 그는 Owen과 도착했는데, Owen은 허약하고 지쳐있었다.

예 The laptop allows people who are away from their offices to continue to work.
분석 사람을 수식하는 주격 또는 목적격 관계대명사 who는 주격 관계대명사로 쓰일 때 수 일치에 주의한다.

해석 휴대용 컴퓨터는 사무실 밖에 있는 사람들에게 일을 계속하도록 한다.

2. whom

(1) 사람을 수식하는 목적격 관계대명사
① whom 앞에 사람 선행사 확인
② whom 뒤에는 목적어가 없는 불완전 구조 확인
③ whom 뒤에 '주어 + 삽입절 동사 + 동사' 구조가 쓰일 때 whom이 아닌 who를 써야 한다.

찐팁 삽입절 동사
know, think, believe, guess, say, suppose

(2) 목적격 관계대명사로 쓰인 whom은 생략할 수 있다.

(3) 해석 : ~하는, ~는

예 The family whom I met at the airport were very kind.
분석 사람을 수식하는 목적격 관계대명사 whom은 목적어가 없는 불완전 구조와 쓰인다.

예 The lady whom you met is a professor of music.
분석 사람을 수식하는 목적격 관계대명사 whom은 목적어가 없는 불완전 구조와 쓰인다.

예 He loved his wife, whom he killed out of jealousy.
분석 사람을 수식하는 목적격 관계대명사 whom은 목적어가 없는 불완전 구조와 쓰인다.

예 The dancer whom I told you about is coming to town.
분석 사람을 수식하는 목적격 관계대명사 whom은 목적어가 없는 불완전 구조와 쓰인다.

예 He is one of the men who I believe always do their best.
분석 '주어 + 삽입절 동사 + 동사' 구조에서는 목적격 관계대명사가 아닌 주격 관계대명사가 쓰인다.

예 He employed the man who he thought was diligent.
분석 '주어 + 삽입절 동사 + 동사' 구조에서는 목적격 관계대명사가 아닌 주격 관계대명사가 쓰인다.

해석
내가 공항에서 만난 그 가족은 아주 친절했다.

해석
당신이 만난 여자분은 음악 교수이다.

해석
그는 아내를 사랑했으나 질투심 때문에 죽이고 말았다.

해석
내가 너에게 말한 그 무용수가 시내에 오는 중이다.

해석
그는 내가 항상 최선을 다한다고 믿는 사람 중 한 명이다.

해석
그는 그가 생각하기에 근면한 남자를 고용했다.

3. whose

(1) 사람 또는 사물을 수식하는 소유격 관계대명사
① whose 앞에 사람 또는 사물 선행사 확인
② whose는 뒤에 나온 명사를 수식
③ whose 뒤에 완전 구조 확인

(2) 해석 : ~의

예 He's a man whose opinion I respect.
분석 whose는 사람 또는 사물을 수식하는 소유격 관계대명사로 완전 구조와 쓰인다.

예 My brother, whose major was economics, is a professor of university.
분석 whose는 사람 또는 사물을 수식하는 소유격 관계대명사로 완전 구조와 쓰인다.

해석
그는 내가 의견을 존중하는 남자이다.

해석
내 동생은 전공이 경제학인데 대학 교수이다.

(3) 사물 선행사를 수식하는 소유격 관계대명사 whose는 of which를 활용하여 대신할 수 있다.

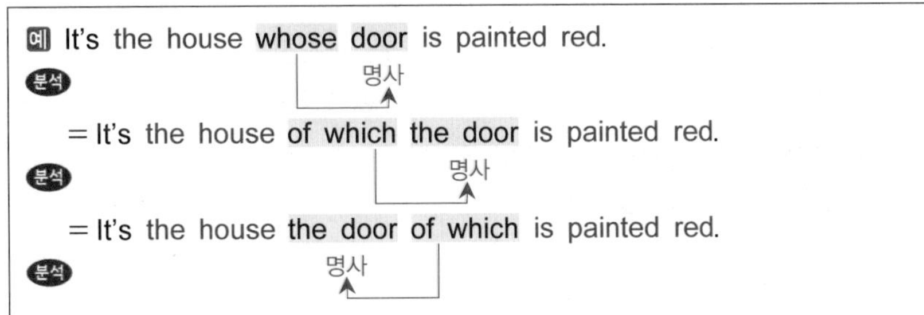
예 It's the house whose door is painted red.
분석 명사

= It's the house of which the door is painted red.
분석 명사

= It's the house the door of which is painted red.
분석 명사

해석
그것은 문이 빨간색 페인트로 칠해진 집이다.

해석
나는 꼭대기가 눈으로 덮인 산을 바라보았다.

예 I looked at the mountain whose top was covered with snow.
= I looked at the mountain of which the top was covered with snow.
= I looked at the mountain the top of which was covered with snow.
분석 소유격 관계대명사 whose가 사물을 수식할 때 of which를 활용하여 대신할 수 있다.

4. which

(1) 사물을 수식하는 주격 또는 목적격 관계대명사
① which 앞에 사물 선행사 확인
② which 뒤에는 주어 또는 목적어가 없는 불완전 구조 확인
③ which 뒤에 주어가 없고 동사가 현재 동사일 때는 선행사와 수 일치 확인

(2) 목적격 관계대명사로 쓰인 which는 생략할 수 있다.

(3) 해석: ~하는, ~는

해석
잘 팔리는 책이 반드시 좋은 책은 아니다.

예 Books which sell well are not necessarily good.
분석 which는 사물을 수식하는 주격 또는 목적격 관계대명사이다.

해석
이것이 내가 고른 책이다.

예 This is the book which I have chosen.
분석 which는 사물을 수식하는 주격 또는 목적격 관계대명사이다.

해석
그의 아내는 아주 총명했는데, 그것이 그에게는 큰 자랑거리였다.

예 His wife was very intelligent, which was a source of great pleasure for him.
분석 계속적 용법으로 쓰이는 which는 앞에 나온 절의 일부나 전체를 선행사로 받을 수 있는 주격 또는 목적격 관계대명사이다.

해석
그녀는 내가 그녀에게 준 조언을 절대 듣지 않는다.

예 She never listens to the advice which I give to her.
분석 사물을 수식하는 주격 또는 목적격 관계대명사 which는 주어나 목적어가 없는 불완전 구조와 쓰인다.

해석
나무는 그들이 사는 장소에 맞춰져야 한다.

예 Trees must be fitted for the places which they live in.
분석 사물을 수식하는 주격 또는 목적격 관계대명사 which는 주어나 목적어가 없는 불완전 구조와 쓰인다.

5. that

(1) 사람 또는 사물을 수식하는 주격 또는 목적격 관계대명사
① that 앞에 사람 또는 사물 선행사 확인
② that 뒤에는 주어 또는 목적어가 없는 불완전 구조 확인
③ that 뒤에 주어가 없이 동사가 현재 동사일 때는 선행사와 수 일치 확인

(2) 목적격 관계대명사로 쓰인 that은 생략할 수 있다.

(3) 전치사 뒤에 쓰일 수 없다.

(4) 계속적 용법으로는 쓰일 수 없다.

(5) 해석 : ~하는, ~는

예 The first subject that attracted my attention was religion.
분석 that은 사람 또는 사물을 수식하는 주격 또는 목적격 관계대명사로 불완전 구조와 쓰인다.

해석
나의 주의를 끈 첫 주제는 종교였다.

 전치사 + 관계대명사

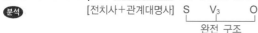

1. '전치사 + 관계대명사'는 전치사에 유의하고 뒤에 완전 구조인지 확인한다.

예 This is the pen with which he wrote the novel.
분석 [전치사+관계대명사] S V_3 O (완전 구조)

예 The photograph for which I was looking has been found in the drawer.
분석 [전치사+관계대명사] S V_1 (완전 구조)

예 A CEO visisted the factory in which most of the company's products are manufactured.
분석 '전치사 + 관계대명사' 구조는 뒤에 완전 구조를 수반한다.

예 It was the main entrance for which she was looking.
분석 '전치사 + which'는 뒤에 완전 구조를 수반한다.

해석
이것은 그가 그 소설을 쓰는 데 썼던 펜이다.

해석
내가 찾고 있던 사진은 서랍 속에 있었다.

해석
회사 제품 대부분이 생산되는 공장에 최고경영자가 방문했다.

해석
그곳은 그녀가 찾고 있던 정문이었다.

2. 「부분/전체를 나타내는 명사 + of + 관계대명사」는 선행사에 수 일치를 확인한다.

(1) 선행사(사물) + most(some) of which + 동사

(2) 선행사(사람) + most(some) of whom + 동사

(3) 선행사(사물) + all of which + 동사

(4) 선행사(사람) + all of which + 동사

예 The writer wrote a lot of novels, some of which have been published.
분석 '부분을 나타내는 명사 + of + which'는 선행사와 관계대명사절의 동사와 수 일치를 주의한다.

예 I have a lot of information, some of which is confidential.
분석 '부분을 나타내는 명사 + of + which'는 선행사와 관계대명사절의 동사와 수 일치를 주의한다.

예 He met many people during his trip, some of whom became friends.
분석 '부분을 나타내는 명사 + of + which'는 선행사와 관계대명사절의 동사와 수 일치를 주의한다.

해석
그 작가는 많은 소설을 썼으며 그것들 중 일부는 출판되었다.

해석
나는 많은 정보를 가지고 있고 그 중 일부는 기밀이다.

해석
그는 여행 중에 많은 사람을 만났고, 그들 중 일부는 친구가 되었다.

3 유사 관계대명사

1. as

(1) the same, such, as, so를 포함한 명사를 수식한다.

(2) as 뒤에 주어나 목적어가 없는 불완전 구조를 확인한다.

해석
이것은 내가 잃어버린 것과 같은 종류의 시계이다.

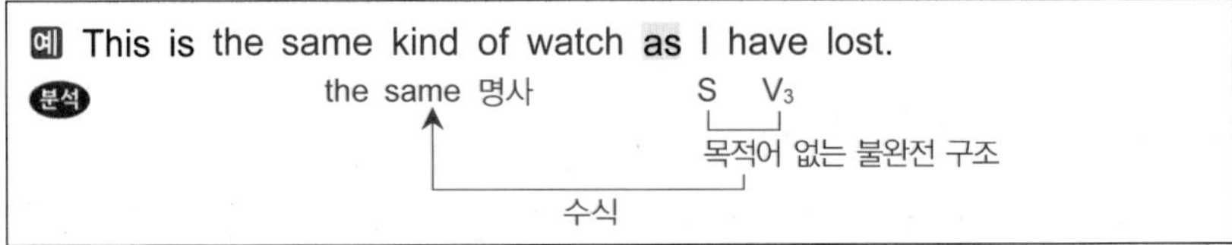

2. but

(1) 부정어를 포함한 명사를 수식한다.

(2) '~않는'이라는 부정의 의미로 해석되므로 유사관계대명사 but 뒤에는 부정어를 다시 중복해서 쓰지 않는다.

(3) but 뒤에 주어나 목적어가 없는 불완전 구조를 확인한다.

해석
실수하지 않는 사람은 없다.

해석
예외 없는 규칙은 없다.

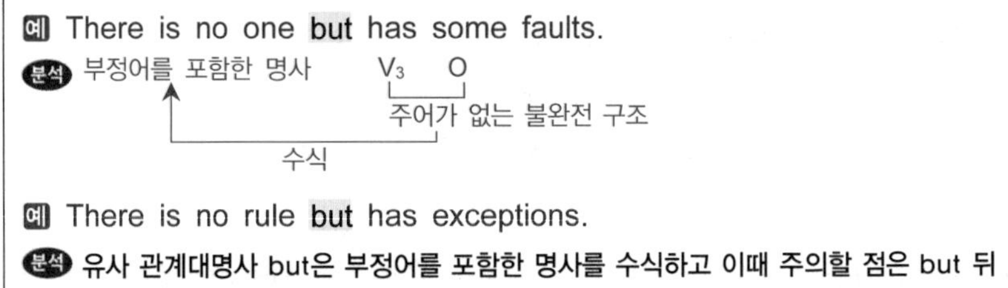

3. than

(1) 비교급의 수식을 받는 명사를 수식한다.

(2) than 뒤에 주어나 목적어가 없는 불완전 구조를 확인한다.

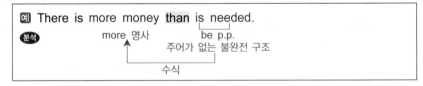

해석
필요 이상의 돈이 있다.

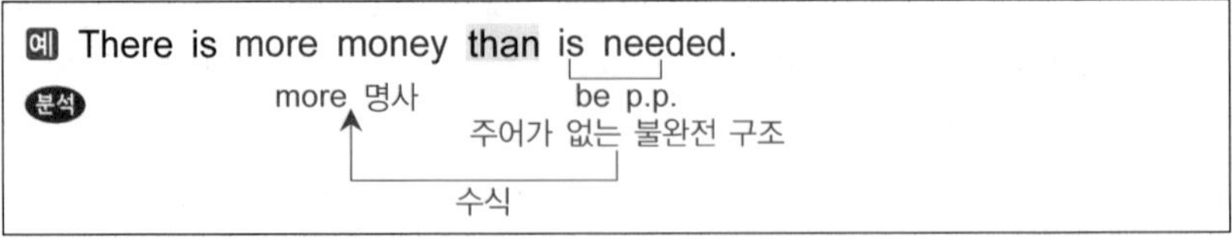

4 관계대명사 주의사항

1. 선행사가 의문사일 때는 that으로 수식한다.

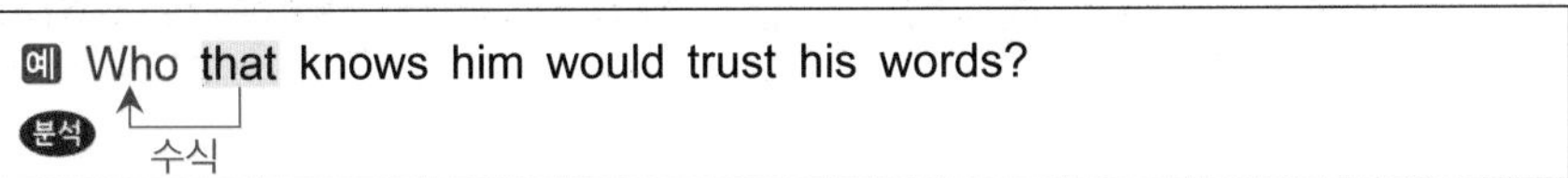
예 Who that knows him would trust his words?
분석 (that → Who 수식)

해석 그를 아는 누가 그를 믿을까?

2. 계속적 용법에서 쓰인 목적격 관계대명사는 생략할 수 없다.

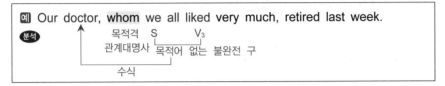

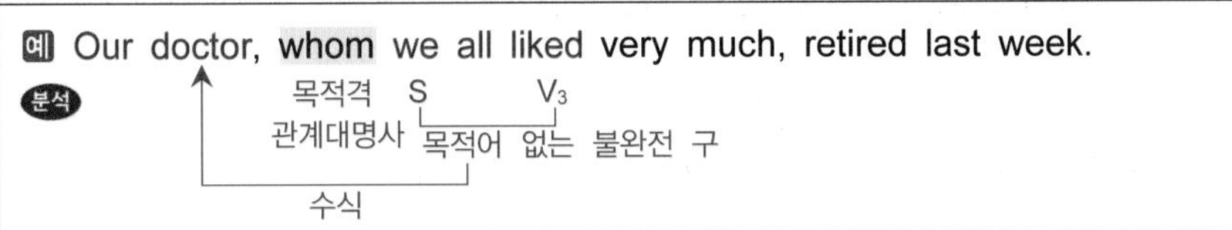
예 Our doctor, whom we all liked very much, retired last week.
분석 whom: 목적격 관계대명사 / we: S, liked: V_3 → 목적어 없는 불완전 구 → doctor 수식

해석 우리 모두가 엄청 좋아하는 우리의 의사는 지난주에 은퇴하였다.

5 관계부사

1. 종류와 용법

시간 [the time]	관계부사 when	완전 구조
장소 [the place]	관계부사 where	완전 구조
이유 [the reason]	관계부사 why	완전 구조
방법 [the way]	관계부사 how	완전 구조

2. 특징

(1) 선행사가 the time, the place, the reason, the way일 때는 관계부사 when, where, why, how 대신에 관계부사 that으로 나타낼 수 있다.

예 How can you forget the day when we got married?
= How can you forget the day that we got married?

해석 너는 어떻게 우리가 결혼한 날을 잊을 수 있니?

(2) 관계부사 앞에 the place, the time, the reason과 같은 일반적 의미의 선행사가 오는 경우, 선행사나 관계부사 중 하나를 생략할 수 있다.

예 I don't remember the time when I came home.
분석 the time: 선행사 / when: 관계부사 → 둘 중 하나 생략 가능

해석 나는 그가 집에 들어온 시간이 기억나지 않는다.

(3) the way와 how는 겹쳐 쓰지 않고 둘 중 하나가 생략되어야 한다.

예 This is the way he discovered cites for the disease.

해석 이것은 그가 그 질병의 치료제를 발견했던 방법이다.

해설 및 해석 ☞ 네이버 카페 '진가영 영어연구소' 에서 확인

LEVEL-UP 연습문제 01 밑줄 친 부분이 어법상 옳으면 O, 옳지 않으면 X하고 올바르게 고치시오.

01 The teacher asked the students whose wanted to volunteer for the science fair.

02 She is the person with who I discussed the project details.

03 They are the neighbors whose a garden won the annual landscaping award.

04 The company released a new product which quickly became a best-seller.

05 I can't find the store on that they sell those handmade crafts.

06 He was amazed at however beautiful the sunset looked over the ocean.

07 She received an award for which she was deeply honored.

08 There is a platform where the speakers will stand during the event.

09 There was no one but didn't want to join the adventure.

10 There is more information than is needed for the presentation.

LEVEL-UP 연습문제01 정답

01 X who/that
02 X whom
03 X whose garden
04 O
05 X on which/where
06 X how beautiful
07 O
08 O
09 X wanted
10 O

해설 및 해석 ☞ 네이버 카페 '진가영 영어연구소' 에서 확인

LEVEL-UP 연습문제 02 밑줄 친 부분에 들어갈 말로 가장 적절한 것은?

01 Her speech, ____________________ tirelessly, impressed everyone in the audience.

① which she had practiced ② whose she had practiced
③ that she had practiced ④ what she had practiced

02 The team visited many factories during their research trip, ______________ state-of-the-art facilities.

① most of which was ② most of them were
③ most of which were ④ most of whom were

03 The scholarship __________________ has been awarded to another student.

① on which you applied ② which you applied
③ which you apply ④ for which you applied

04 That is the house ____________________ is renowned.

① the architecture of whose ② of whose the architecture
③ of which the architecture ④ of where the architecture

05 ______________________________, they decided to go ahead with their vacation plans.

① However expensive the trip appeared ② How the trip appeared expensive
③ However the trip appeared expensive ④ However expensively the trip appeared

PART 05

LEVEL-UP 연습문제02 정답

01 ① 02 ③ 03 ④ 04 ③ 05 ①

CHAPTER

15 비교 구문

신경향 학습 전략

- 2025년 출제 기조 전환에 따라 공무원 영어 시험에 토익과 텝스 그리고 수능 시험이 반영될 예정이므로 이러한 시험들에서 지속적으로 출제되고 있는 **비교 구문에 관련된 문제에 관한 출제포인트**를 학습한다.
- 공무원 시험에서는 **원급 비교 구문**과 **비교급 비교 구문**이 올바르게 쓰여 있는지 확인하는 문제와 비교 구문에서 **비교 대상의 일치**가 제대로 되어 있는지 확인하는 문제가 자주 출제되고 있으므로 이 부분에 초점을 두고 학습한다.
- 비교(comparison)란 둘 또는 그 이상의 사물이나 현상을 견주어 서로 간의 유사점과 공통점, 차이점 따위를 밝히는 일을 의미한다. **두 대상의 성질이나 상태가 같거나 비슷할 때 'as 원급 as'**를 쓰고, **두 대상의 성질이나 상태에 차이가 날 때는 '비교급 than'**을 사용한다. 한편, **비교 대상이 셋 이상이고, 그 가운데 가장 높은 정도**를 나타내는 표현법이 **최상급**이다. 이러한 비교 구문에 대한 기본 개념을 토대로 각 구문을 학습한다.

출제 포인트 마인드 맵

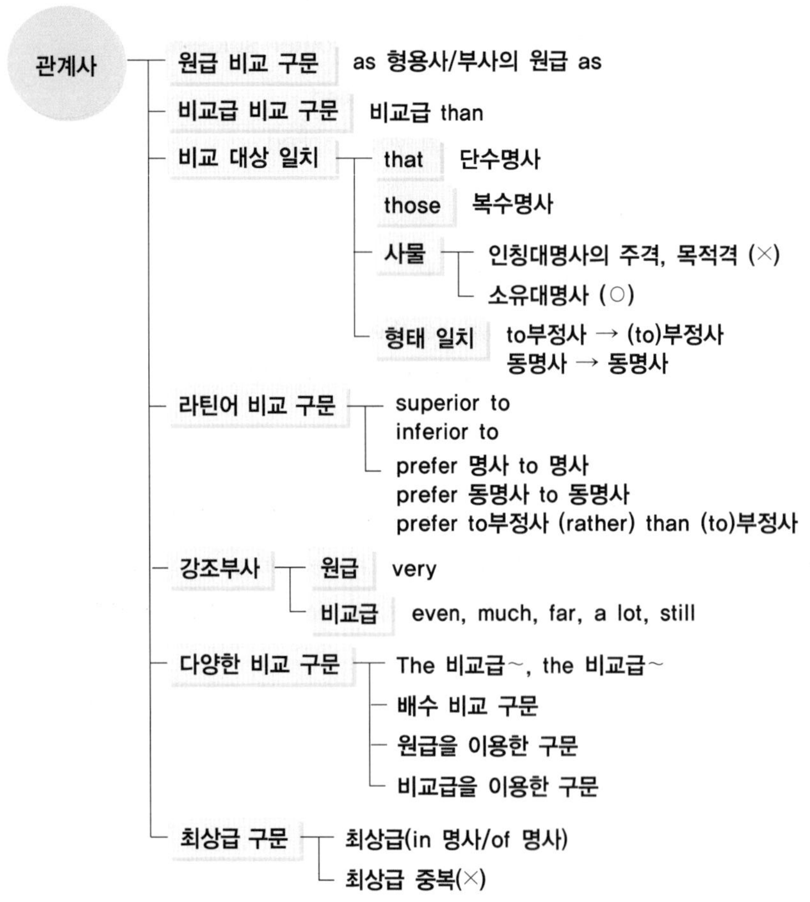

관계사
- 원급 비교 구문: as 형용사/부사의 원급 as
- 비교급 비교 구문: 비교급 than
- 비교 대상 일치
  - that: 단수명사
  - those: 복수명사
  - 사물
    - 인칭대명사의 주격, 목적격 (×)
    - 소유대명사 (○)
  - 형태 일치: to부정사 → (to)부정사
동명사 → 동명사
- 라틴어 비교 구문
  - superior to
  - inferior to
  - prefer 명사 to 명사
  - prefer 동명사 to 동명사
  - prefer to부정사 (rather) than (to)부정사
- 강조부사
  - 원급: very
  - 비교급: even, much, far, a lot, still
- 다양한 비교 구문
  - The 비교급~, the 비교급~
  - 배수 비교 구문
  - 원급을 이용한 구문
  - 비교급을 이용한 구문
- 최상급 구문
  - 최상급(in 명사/of 명사)
  - 최상급 중복(×)

2025 출제 예상 문제

Q 다음 밑줄 친 부분 중 어법상 옳지 않은 것은?

> The quality of healthcare services in urban hospitals tends to be more comprehensive and accessible ____________________, where resources are often limited.

① than those in rural clinics ② as those in rural clinics
③ than that in rural clinics ④ to that in rural clinics

해석
도시 병원의 의료 서비스 품질은 자원이 제한된 농촌 진료소보다 더 포괄적이고 접근하기 쉬운 경향이 있다.

자가진단

01 형용사와 부사는 원급, 비교급, 최상급의 형태로 쓰일 수 있으며 원급은 형용사, 부사의 ❶ __________, 비교급은 형용사, 부사의 기본형에 ❷ _______이나 ❸ ______를 붙인 형태, 최상급은 형용사, 부사의 기본형에 ❹ _______이나 ❺ _______를 붙인 형태이다.

02 원급 비교 구문은 ❻ ____________________________로 쓰고 비교급 비교 구문 ❼ ____________________________으로 쓴다.

03 비교 구문 뒤에 that과 those가 나오면 앞에 나온 비교 대상의 수에 따라 ❽ ________ 명사면 that을 쓰고, ❾ _______ 명사면 those를 쓴다.

04 비교 대상이 사물일 때 인칭대명사의 주격이나 목적격이 아닌 ❿ ___________를 사용하고 비교 구문 뒤에 ⓫ ________나 ⓬ _______가 나온다면 형태를 일치해야 한다.

05 superior나 inferior와 같은 라틴어 비교 구문은 비교급 접속사 than이 아닌 전치사 ⓭ _______를 쓴다.

2025 출제 예상 문제 정답 및 해설

 ③

해설 비교급 비교 구문은 접속사 than을 쓰고 비교 구문 뒤에 that과 those가 나오면 앞에 나온 비교 대상의 수에 따라 단수 명사면 that을 쓰고, 복수 명사면 those를 쓰므로 주어진 문장에서 quality를 받는 that이 쓰여야 옳다.

자가진단 정답

❶ 기본형 ❷ er ❸ more ❹ est
❺ most ❻ as 형용사/부사의 원급 as ❼ 형용사/부사의 비교급 than
❽ 단수 ❾ 복수 ❿ 소유대명사 ⓫ to부정사
⓬ 동명사 ⓭ to

출제포인트 01

비교 구문의 이해

1 형용사와 부사의 비교 변화

1. 규칙 변화

(1) 원급

원급 형용사, 부사의 기본형

> 예 My backpack is as big as yours.
> 분석 원급

해석
내 가방은 너의 가방만큼 크다.

(2) 비교급

형용사, 부사의 기본형에 er이나 more를 붙인 형태

> 예 She is smarter than her younger brother.
> 분석 비교급

해석
그녀는 그녀의 남동생보다 더 똑똑하다.

(3) 최상급

형용사, 부사의 기본형에 est나 most를 붙인 형태

> 예 This is the tallest building in the world.
> 분석 최상급

해석
이것은 세계에서 가장 높은 건물이다.

2. 불규칙 변화

원급		비교급		최상급	
good	좋은	better	더 좋은	best	가장 좋은
well	잘		더 잘		가장 잘
bad	나쁜	worse	더 나쁜	worst	가장 나쁜, 최악의
badly	나쁘게		더 나쁘게		가장 나쁘게, 최악으로
many	많은	more	더 많은	most	가장 많은
much	많은, 많이		더 많은, 더 많이		가장 많은, 가장 많이
little	작은	less	더 적은(양)	least	가장 적은[작은]
late	늦은	later	더 늦은(시간)	latest	최근의(시간)
		latter	후자의(순서)	last	마지막의(순서)
far	먼, 멀리 떨어진	farther	더 먼(거리)	farthest	가장 먼(거리)
		further	더 이상의(정도)	furthest	가장 ~한(정도)

2 원급 비교 구문

1. 구조

Ⓐ	as (부사)	형용사의 원급 부사의 원급 형용사 a 명사 many, few 복수 가산 명사 much, little 불가산 명사	as (접속사)	Ⓑ

2. 용법

(1) 원급 비교 구문에서 부사 as를 more로 쓰거나 접속사 as를 than으로 쓸 수 없다.

(2) 원급 비교 구문 앞의 문장 구조가 보어가 없는 불완전한 구조이거나 명사를 수식하면 형용사를 쓴다.

(3) 원급 비교 구문 앞의 문장 구조가 완전하면 부사를 쓴다.

(4) 부정문에서 원급 비교 구문은 부사 as를 so로 쓸 수 있다.

예 She hopes they are as smart as the student was.
V_2 형용사(S.C)

분석 원급 비교 구문 앞의 문장 구조가 보어가 없는 불완전한 구조이면 형용사를 쓴다.

예 This proportion is as high as two thirds of all road traffic deaths.
V_2 형용사(S.C)

분석 원급 비교 구문 앞의 문장 구조가 보어가 없는 불완전한 구조이면 형용사를 쓴다.

예 The results were as surprising as we had hoped.
V_2 형용사(S.C)

분석 원급 비교 구문 앞의 문장 구조가 보어가 없는 불완전한 구조이면 형용사를 쓴다.

예 Your tone of voice is as important as the content of what you have to say.
V_2 as 형용사(S.C) as

분석 원급 비교 구문 앞의 문장 구조가 보어가 없는 불완전한 구조이면 형용사를 쓴다.

예 She felt that she was as good a swimmer as he was.
V_2 형용사(명사 수식)

분석 원급 비교 구문에서 명사를 수식하면 형용사를 쓴다.

예 Few living things are linked together as intimately as bees and flowers.
S be p.p. as 부사(M) as
완전 구조

분석 원급 비교 구문 앞의 문장 구조가 완전하면 부사를 쓴다.

예 Nothing in business is so important as credit.
V_2 형용사(S.C)

분석 부정문에서 원급 비교 구문은 부사 as를 so로 쓸 수 있다.

해석 그녀는 그들이 그 학생만큼 똑똑하길 바란다.

해석 이 비율은 전체 도로 교통 사망자의 3분의 2보다 더 높다.

해석 그 결과는 우리가 희망했던 만큼 놀라웠다.

해석 당신의 목소리 어조는 말해야 할 내용만큼 중요하다.

해석 그녀는 그녀가 그만큼 훌륭한 수영선수라고 생각했다.

해석 벌과 꽃만큼 친밀하게 연결된 생물은 거의 없다.

해석 사업에서 신용만큼 중요한 것은 없다.

3 비교급 비교 구문

1. 구조

Ⓐ	형용사er 부사er more 형용사 more 부사	than (접속사)	Ⓑ

2. 용법

(1) 비교급 비교 구문에서 부사 more를 as로 쓰거나 접속사 than을 as로 쓸 수 없다.

(2) 비교급 비교 구문 앞의 문장 구조가 보어가 없는 불완전한 구조이거나 명사를 수식하면 형용사를 쓴다.

(3) 비교급 비교 구문 앞의 문장 구조가 완전하면 부사를 쓴다.

(4) 동일 대상의 성질을 비교할 때는 er을 활용한 비교급을 쓰지 않고 more를 활용한 비교급을 쓴다.

예 His latest film is more boring than his previous ones.
V_2 형용사(S.C)

분석 비교급 비교 구문 앞의 문장 구조가 없는 불완전한 구조이면 형용사를 쓴다.

예 Some people burn calories faster than others.
S V_3 O 부사(M)
완전구조

분석 비교급 비교 구문 앞의 문장 구조가 완전하면 부사를 쓴다.

예 I think he is more sly than clever.

분석 동일 대상 / 두 가지 성질 비교

해석 그의 최근 영화는 이전 작품들보다 더 지루하다.

해석 어떤 사람들은 다른 사람들보다 칼로리를 더 빨리 소모시킨다.

해석 나는 그가 영리하다기보다 더 교활하다고 생각한다.

4 비교 대상 일치

1. 구조

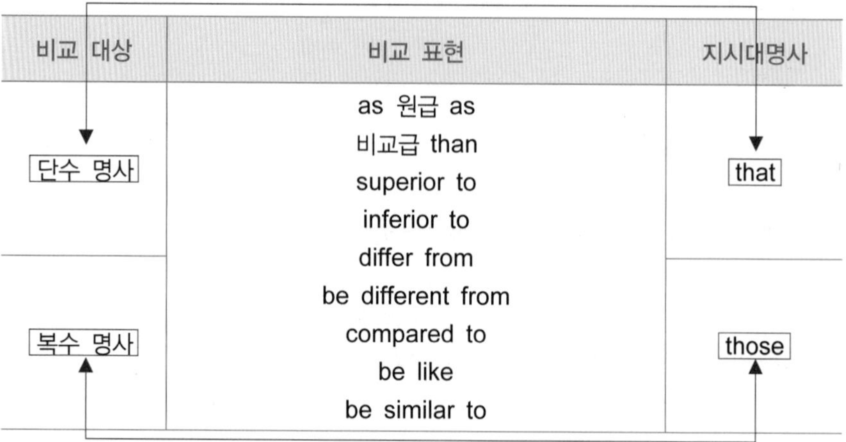

비교 대상	비교 표현	지시대명사
단수 명사	as 원급 as 비교급 than superior to inferior to differ from be different from compared to be like be similar to	that
복수 명사		those

2. 용법

(1) 비교 구문 뒤에 that과 those가 나오면 앞에 나온 비교 대상의 수에 따라 단수 명사면 that을 쓰고, 복수 명사면 those를 쓴다.

(2) 비교 대상이 사물일 때 인칭대명사의 주격이나 목적격이 아닌 소유대명사를 사용한다.

(3) 비교 구문 뒤에 to부정사나 동명사가 나온다면 형태를 일치해야 한다.

예 The word order of Korean is different from that of English.
분석 단수 사물주어 ↔ that

예 The lives of dogs are much shorter than those of humans.
분석 복수 사물주어 ↔ those

예 The car insurance rates in urban areas are higher than those in rural areas.
분석 복수 사물주어 ↔ those

예 His experience at the hospital was worse than hers.
분석 단수 사물주어 ↔ 소유대명사

예 It's easier to make a phone call than to write a letter.
분석 to부정사 ↔ (to)부정사

해석 한국어의 어순은 영어 어순과 다르다.

해석 개의 삶은 인간의 삶보다 훨씬 더 짧다.

해석 도시 지역의 자동차 보험료가 농촌 지역의 자동차 보험료보다 더 높다.

해석 그의 병원 경험이 그녀의 것보다 더 나빴다.

해석 편지를 쓰는 것보다 전화를 거는 것이 더 쉽다.

5 라틴어 비교 구문

1. 구조

superior 더 우수한[우세한/우월한]	+ to(전치사) + 비교 대상 [~보다]
inferior 열등한	
junior 연하의, 더 어린	
senior 연상의	

prefer [더 좋아하다]	명사	to	명사
	동명사		동명사
	to부정사	(rather) than	(to)부정사

PART 05

2. 용법

(1) -or로 끝나는 라틴어 비교 구문은 접속사 than이 아닌 전치사 to를 쓴다.

(2) prefer는 'than과 to' 둘 다 어울려 쓸 수 있지만 각각 다른 형태와 쓰인다.

(3) preferable to 구조로 쓴다. 이때 to를 than으로 쓰면 안 된다.

예 She is junior to me by three years.
분석 라틴어 비교 표현에서는 접속사 than 대신 전치사 to를 쓴다.

해석 그녀는 나보다 세 살 아래이다.

예 The new manager is much superior to the old one.
분석 라틴어 비교 표현에서는 접속사 than 대신 전치사 to를 쓴다.

해석 새로운 관리자가 이전의 관리자보다 훨씬 더 우수하다.

예 Modern music is often considered inferior to that of the past.
분석 비교 표현에서는 비교 대상이 올바르게 일치되어있는지 확인한다.

해석 현대 음악은 흔히 과거의 음악보다 못한 것으로 여겨진다.

예 My art history professors prefer Michelangelo's painting to his sculpture.
분석 명사 명사

해석 나의 미술사 교수들은 그의 조각보다 미켈란젤로의 그림을 더 좋아한다.

예 A small town seems to be preferable to a big city for raising children.
분석 preferable to는 '보다 나은'이라는 의미의 라틴어 비교 표현이다.

해석 작은 마을이 아이들을 키우기 위해서 큰 도시보다 더 나은 것 같다.

6 비교 구문 강조 부사

형용사 또는 부사의 원급	very
형용사 또는 부사의 비교급	even, much, far, by far, a lot, still
최상급	much, far, by far, very

예 The red cap is much more expensive than the white cap.
분석 'even, much, far, by far, a lot, still'는 비교급 강조 부사로 비교급 앞에 잘 쓰인다.

해석 빨간 모자는 흰색 모자보다 더 비싸다.

예 You are still better at English than he is.
분석 'even, much, far, by far, a lot, still'는 비교급 강조 부사로 비교급 앞에 잘 쓰인다.

해석 그 사람보다 네가 영어를 훨씬 더 잘한다.

예 Mary's daughter speaks a lot more foreign languages than her peers.
분석 'even, much, far, by far, a lot, still'는 비교급 강조 부사로 비교급 앞에 잘 쓰인다.

해석 Mary의 딸은 또래들보다 훨씬 더 많은 외국어를 구사한다

출제포인트 **02**

다양한 비교 구문

1 The 비교급 ~, the 비교급 ~

1. 구조

The 비교급 주어 + 동사 ~, the 비교급 주어 + 동사 ~

> 예 **The more expensive** a hotel is, **the better** its service is.
> 분석 The 비교급 S V the 비교급 S V

해석
호텔은 비싸면 비쌀수록 서비스가 더 좋다.

2. 해석

~할수록, 그만큼 더 …하다

3. 특징

(1) 양쪽에 the를 써야 한다.

(2) more와 형용사/부사는 붙여서 쓴다.

(3) 비교급 대신 원급이나 최상급을 쓸 수 없다.

(4) 비교급의 명사를 수식할 때 목적어 명사가 주어 앞에 위치할 수 있다.

> 예 **The colder** it gets, **the brighter** the city becomes.
> 분석 '~할수록 더 …하다'는 'The 비교급 주어 + 동사 ~, the 비교급 주어 + 동사 ~'로 쓴다.
>
> 예 **The healthier** your body is, **the less likely** you are to encounter disease.
> 분석 '~할수록 더 …하다'는 'The 비교급 주어 + 동사 ~, the 비교급 주어 + 동사 ~'로 쓴다.
>
> 예 **The more** they attempted to explain their mistake, **the worse** their story sounded.
> 분석 '~할수록 더 …하다'는 'The 비교급 주어 + 동사 ~, the 비교급 주어 + 동사 ~'로 쓴다.

해석
날씨가 추워질수록, 도시는 더 밝아진다.

해석
너의 몸이 건강할수록 질병에 걸릴 확률이 더 낮아진다.

해석
그들이 실수를 설명하려고 하면 할수록 그들의 이야기는 더 나쁘게 들렸다.

2 배수 비교 구문

1. 배수사(3배, 4배 등 어떤 수의 갑절이 되는 수)는 비교 구문 앞에 위치해야 한다.

2. 구조

배수사	비교 구문	해석
three times …	as 형용사/부사의 원급 as	~보다 몇 배 더 …한
	비교급(형/부er, more 형/부) than	
	the 명사(size, height, amount)	명사의 몇 배

예 My cat is three times as old as his.
분석 배수 비교 구문은 '배수사 + as 형용사/부사의 원급 as'로 쓸 수 있다.

해석 내 고양이 나이는 그의 고양이 나이의 세 배이다.

예 That is four times as expensive as an ordinary bus.
분석 배수 비교 구문은 '배수사 + as 형용사/부사의 원급 as'로 쓸 수 있다.

해석 그것은 보통 버스보다 4배 더 비싸다.

3. 2배를 의미하는 twice는 오직 원급 비교 구문과 함께 쓰이므로 주의한다.

예 He is earning twice as much money as he did in his previous job.

해석 그는 이전 직장에서 벌던 돈의 두 배를 벌고 있다.

예 She scored twice as many points as her opponent.

해석 그녀는 상대보다 두 배 더 많은 점수를 얻었다.

3 원급을 이용한 구문

1. A라기보다는 B

(1) not so much A as B

(2) not A so much as B

(3) not so much A but B

(4) B rather than A

예 A man's worth lies not so much in what he has as in what he is.
분석 'not so much A as B'는 'A라기보다는 B'라는 의미로 쓰인다.

해석 사람의 가치는 재산에 있는 것이 아니라 인격에 있다.

예 He is not a scholar so much as a writer.
분석 'not A so much as B'는 'A라기보다는 B'라는 의미로 쓰인다.

해석 그는 학자라기보다 오히려 작가다.

2. ~조차 않다[없다]

(1) not so much as 동사

(2) never so much as 동사

> 예 He cannot so much as write his own name.
> 분석 'not so much as 동사'는 '~조차 않다[없다]'라는 의미로 의미로 쓰인다.
>
> 예 He never so much as smiled.
> 분석 'never so much as 동사'는 '~조차 않다[없다]'라는 의미로 쓰인다.

해석
그는 자기 이름조차 쓰지 못한다.

해석
그는 웃지도 않았다.

3. 가능한 한 ~

(1) as 형용사/부사의 원급 as possible

(2) as 형용사/부사의 원급 as S can[could]

(3) as 수량 형용사[many/much] + 명사 as possible

> 예 Keep your answers as succinct as possible.
> 분석 'as 형용사/부사의 원급 as possible'은 '가능한 한 ~ '라는 의미로 쓰인다.
>
> 예 We'll repair it as quickly as possible.
> 분석 'as 형용사/부사의 원급 as possible'은 '가능한 한 ~ '라는 의미로 쓰인다.

해석
대답은 가능한 한 간단명료하게 하라.

해석
우리가 가능한 한 빨리 그것을 수리할 것이다.

4. 기타

(1) ~에 관한 한 = as far as 주어 be concerned

(2) ~나 다름없는[마찬가지인] = as good as

> 예 As far as I am concerned, I have nothing to do with that matter.
> 분석 'as far as 주어 be concerned'는 '~에 관한 한'라는 의미로 쓰인다.

해석
나에 관한 한 그것과는 아무 관계도 없다.

4 비교급을 이용한 구문

1. ~은 말할 것도 없이

(1) 부정문, much[still] less

> 예 He has no daily necessities, much[still] less luxuries.
> 분석 '부정문, much[still] less'는 '~(이 아님)은 더 말할 것도 없이'라는 의미로 쓰인다.
>
> 예 She cannot read French, much[still] less write it.
> 분석 '부정문, much[still] less'는 '~(이 아님)은 더 말할 것도 없이'라는 의미로 쓰인다.

해석
그는 사치품은 더 말할 것도 없이 일상 필수품 조차 없다.

해석
그녀는 프랑스어를 쓰지 못하는 것은 말할 것도 없이 읽지도 못한다.

(2) 긍정문, much[still] more

> 예 His books are easy to understand, much[still] more his lectures.
> 분석 '긍정문, much[still] more'은 '~은 말할 것도 없이'라는 의미로 쓰인다.

해석
그의 강의는 말할 것도 없이 저서들은 이해하기가 쉽다.

2. 양자 부정과 양자 긍정

(1) 양자 부정

① no 비교급 than [than 뒤에 not(×)]

예 I know no more than you do about her mother.
A B

분석 'no 비교급 than'은 양자부정을 의미하는 표현으로 'B만큼 A도 ~ 않다'라는 의미로 쓰인다.

해석 그녀의 엄마에 대해서는 나도 너만큼 아는 것이 없다.

② not ~ any more than [than 뒤에 not(×)]

예 She didn't like the term Native American any more than my mother did.

분석 'not ~ any more than'은 양자 부정을 의미하는 표현으로 'B만큼 A도 ~않다'라는 의미로 쓰인다.

해석 그녀는 나의 엄마가 그랬던 것 만큼이나 아메리카 원주민이라는 용어를 좋아하지 않았다.

③ A is no more B than C is D [than 뒤에 not(×)]

예 A whale is no more a fish than a horse is.

분석 'A is no more B than C is D'는 양자부정을 의미하는 표현으로 'C가 D가 아니듯 A도 B가 아니다'라는 의미로 쓰인다.

해석 말이 물고기가 아니듯이 고래는 물고기가 아니다

(2) 양자 긍정

① no less 형용사/부사 than

② 해석: …못지않게 A도 ~다

예 She is no less beautiful than her sister.

분석 양자 긍정

해석 그녀는 언니 못지않게 아름답다.

3. 의미에 주의할 비교급을 이용한 구문

no more than	겨우, 단지	only
no less than	~만큼이나, 자그마치	as much/many as
not more than	기껏해야, 많아야	at (the) most
not less than	적어도, 최소한	at (the) least

예 I have no more than five books.

분석 no more than이 수식어 자리에 나올 때는 '겨우, 단지'라는 의미로 쓰인다.

해석 나는 책을 겨우 다섯 권 가지고 있다.

예 I have no less than one hundred books.

분석 no less than이 수식어 자리에 나올 때는 '~만큼이나, 자그마치'라는 의미로 쓰인다.

해석 나는 책을 100권 만큼이나 가지고 있다.

4. 기타

sooner or late	조만간[머잖아]
no longer	더 이상 …아닌[하지 않는](= not any longer)
no better than	~이나 다름없는(= as good as)
the 비교급 of the two	둘 중에서 더 ~한
more or less	대략, 거의

5 최상급 구문

1. 용법

(1) 최상급을 나타내는 표현은 중복해서 쓰지 않는다.

(2) 최상급을 이용한 구문이 나오면 형태와 의미가 올바르게 쓰였는지 확인해야 한다.

> 예 The easiest way to prevent a cold is washing your hands often.
> 분석 최상급

해석 감기를 예방하는 가장 쉬운 방법은 당신의 손을 자주 씻는 것이다.

2. 구조

(the)	형용사est most 형용사	(in 명사) (of 명사)	가장 ~한
	부사est most 부사		가장 ~하게

3. 최상급을 이용한 구문

the 서수 + 최상급	몇 번째로 가장 ~한
최상급 (that) 주어 ever	여태껏 ~한 것 중 가장 ~한
one of the 최상급 복수명사	가장 ~한 것 중 하나
be the last person(man) to부정사	결코 ~할 사람이 아니다

찐팁 be the last person(man) to부정사 = know better than to부정사

> 예 This stock looks the more promising of the two amid slowdown.
> 분석 'the 비교급 of the two'는 '둘 중에서 더 ~한'이라는 의미로 쓰인다.
>
> 예 This is the second most expensive car in the showroom.
> 분석 'the 서수 + 최상급'은 '몇 번째로 가장 ~한'이라는 의미로 쓰인다.
>
> 예 She is the third fastest swimmer on the team.
> 분석 'the 서수 + 최상급'은 '몇 번째로 가장 ~한'이라는 의미로 쓰인다.
>
> 예 Given his honesty, he is the last man to cheat.
> 분석 'be the last man to부정사'는 '결코 ~할 사람이 아니다'라는 의미로 쓰인다.

해석 이 주식은 경기 둔화 가운데서도 두 종목 중 더 유망해 보인다.

해석 이것은 전시장에서 두 번째로 비싼 차이다.

해석 그녀는 팀에서 세 번째로 빠른 수영 선수이다.

해석 그의 정직함을 고려할 때, 그는 결코 부정행위를 할 사람이 아니다.

해설 및 해석 ☞ 네이버 카페 '진가영 영어연구소' 에서 확인

LEVEL-UP 연습문제 01 밑줄 친 부분이 어법상 옳으면 O, 옳지 않으면 X하고 올바르게 고치시오.

01 This book is longest than the one I read last week.

02 This is the coldest winter we've experienced in years.

03 She doesn't manage her time as efficient as her boss does.

04 She has as much patiences as a saint when dealing with children.

05 The blue dress is not so expensiver as the red one.

06 She woke up earlier than usual to catch the early flight.

07 The service at this restaurant is better than those of the nearby cafes.

08 Abstract art techniques differ from that of traditional painting methods.

09 Today's education system is often considered inferior than that of the past.

10 No compromise was suggested, still less an agreement.

LEVEL-UP 연습문제01 정답

01 ☒ longer than	02 ○
03 ☒ efficiently	04 ☒ much patience
05 ☒ expensive	06 ○
07 ☒ that	08 ☒ those
09 ☒ inferior to	10 ○

해설 및 해석 ☞ 네이버 카페 '진가영 영어연구소' 에서 확인

LEVEL-UP 연습문제 02 밑줄 친 부분에 들어갈 말로 가장 적절한 것은?

01 That was ________ storm in the city's history, causing massive flooding and power outages.

① as worse as ② worst than
③ the worst ④ as worst as

02 He looks ________________________ about the upcoming presentation.

① more nervous than exciting ② more nervous than excited
③ as nervous than excited ④ more nervous as excited

03 The issues discussed in the meeting _________________ raised in last month's session.

① are similar to that ② is similar to that
③ is similar than those ④ are similar to those

04 He prefers to cook at home ________________ out at restaurants.

① rather to eat ② to eat
③ rather than to eat ④ to eating

05 I can manage to keep a delicate orchid, __________ a cactus.

① much more ② much less
③ so much as ④ rather than

LEVEL-UP 연습문제02 정답

01 ③ 02 ② 03 ④ 04 ③ 05 ①

MEMO

MEMO

MEMO

진가영

주요 약력

現) 박문각 공무원 영어 온라인, 오프라인 대표교수
서강대학교 우수 졸업
서강대학교 영미어문 심화 전공
중등학교 정교사 2급 자격증
단기 공무원 영어 전문 강의(개인 운영)

주요 저서

진가영 영어 신경향 독해 기본다지기[신독기](박문각)
진가영 영어 신경향 독해 마스터 시즌 1 [신독마](박문각)
진가영 영어 신경향 어휘 마스터(박문각)
진가영 영어 단기합격 문법 All In One(박문각)
진가영 영어 단기합격 독해 All In One(박문각)
진가영 영어 단기합격 VOCA(박문각)
진가영 영어 기출문제집 문법·어휘(박문각)
진가영 영어 기출문제집 반한다 독해(박문각)
진가영 영어 독해 끝판왕[독판왕](박문각)
진가영 영어 문법 끝판왕[문판왕](박문각)
진가영 영어 진독기 구문독해 시즌1(박문각)
진가영 영어 단판승 문법 적중 포인트 100(박문각)
진가영 영어 단판승 생활영어 적중 70(박문각)
진가영 영어 적중 하프 모의고사(박문각)
2024 박문각 공무원 봉투모의고사(박문각)

진가영 영어 ✧✦ 단기합격 문법 All In One

초판 인쇄 2024. 8. 12. | **초판 발행** 2024. 8. 16. | **편저자** 진가영
발행인 박 용 | **발행처** (주)박문각출판 | **등록** 2015년 4월 29일 제2019-000137호
주소 06654 서울시 서초구 효령로 283 서경 B/D 4층 | **팩스** (02)584-2927
전화 교재 문의 (02)6466-7202

저자와의 협의하에 인지생략

정가 18,000원
ISBN 979-11-7262-181-0